Sociedad y conflicto
en el estado de Guerrero, 1911-1995
Poder político y estructura social de la entidad

(Problemas de México, 1)

Sociedad y conflicto
en el estado de Guerrero, 1911-1995
Poder político y estructura social de la entidad

Jorge Rendón Alarcón

CoNtRaStE

*A mis padres, Gustavo y Aurelia Rendón
y a su estado de Guerrero,
de cielos instantáneos*

*A la ciudadanía guerrerense:
"Cuando emprendas tu viaje a Ítaca
pide que el camino sea largo,
pleno de aventuras, lleno de experiencias.
No temas a los lestrigones ni a los cíclopes
ni al colérico Poseidón..."*
C. P. Cavafis, *Ítaca*

Nota a la presente edición

Las voces que con mayor hondura se expresan en la historia política de México nos siguen hablando, como lo hace Juan Rulfo, de una historia política irresuelta por lo que se refiere a la constitución de una auténtica comunidad humana en lo que atañe a la libertad y a la justicia, pues esas voces insisten —no podía ser de otra manera—, en el vínculo que existe en nuestro país entre la desigualdad social y la ausencia de una voluntad legítima del poder político contrapuesta a cualquier forma de coacción. Así lo refiere Rulfo a propósito del abandono y desamparo experimentados frente al ejercicio del poder:

—¿Y las leyes?
—¿Cuáles leyes, Fulgor? La ley ahora en adelante la vamos a hacer nosotros. ¿Tienes trabajando en la Media Luna a algún atravesado?
—Sí, hay uno que otro.
—Pues mándalos en comisión con el Aldrete. Le levantas un acta acusándolo de "usufruto" o de lo que a ti se te ocurra. Y recuérdale que Lucas Páramo ya murió. Que conmigo hay que hacer nuevos tratos.

Pedro Páramo

Quien esto escribe ha querido mantenerse abierto a esas voces: las voces del conflicto de una sociedad que todos experimentamos en primera persona.

Jorge Rendón Alarcón
Diciembre del 2019

*... cuando vemos en un pueblo costumbres y leyes laudables,
deducimos sin temor a equivocarnos que sus ciudadanos y su
constitución también han de ser laudables, cuando advertimos que la
vida privada está llena de ruindad y los asuntos públicos rebosan
injusticia, aseguramos, lógicamente, que las leyes y las costumbres
privadas del pueblo en cuestión, su constitución íntegra, es perversa.*

Polibio, *Historias* (VI 47, 1-6)

Advertencia

Sociedad y conflicto en el estado de Guerrero, 1911-1995 es un estudio que concluyó en el año 2000 y tuvo como propósito conocer aquella estructura del estado de Guerrero que nos permitiera a su vez comprender los fenómenos más representativos de esa entidad, sobre todo el atraso social y económico así como la inestabilidad política relacionada con la violencia social. Tener presente aquello que heredamos del siglo pasado puede ayudarnos a comprender mejor nuestra realidad social y sobre todo a situarnos en el espacio público actual de México. Pensamos así que la comprensión de la historia política, en este caso del estado de Guerrero, tiene que apuntar más allá del solo registro de los hechos para referirse más bien a la comprensión común de nuestra realidad política.

Jorge Rendón Alarcón
2003/2019

Índice

Consideraciones preliminares

El problema

Sociedad y conflicto en el estado de Guerrero, 1911-1995, tiene como objetivo general llevar a cabo una indagación sobre las condiciones histórico-estructurales que pueden contribuir a explicar el atraso social, la violencia e inestabilidad política que se ha manifestado a lo largo de la configuración del sistema político mexicano a nivel local, sobre todo a partir de 1929. Se trata, en el sentido más general, de una investigación analítico-integrativa que busca estudiar, desde una visión crítica del desarrollo del régimen mexicano, la realidad social y política de Guerrero, así como el papel polémico del estado en la vida pública nacional.

Aspectos particulares de esta reflexión habrán de ser, entonces, la forma en que se obtiene y se ejerce el poder, es decir, las reglas no escritas del régimen político, el carácter corporativo del mismo, el tipo de relación que se produce entre el centro y sus regiones y la manera como incidió la ideología de la revolución en las prácticas del poder en México. Se trata también, por ello, de un estudio que busca mostrar ciertos rasgos inherentes al régimen político, así como sus efectos y consecuencias a nivel estatal.

En su análisis sobre *El sistema político mexicano*,[1] Daniel Cosío Villegas destacaba que la organización política de México llamó constantemente la atención por su estabilidad. Señalaba así que de 1929 a 1972 el sistema político mexicano había dado un espectáculo sorprendente de siete sucesiones presidenciales hechas pacíficamente, además de una vida pública en la que no hubo una conmoción perceptible hasta 1968 y después en 1971, con ocasión de la rebeldía estudiantil.

---

[1] Daniel Cosío Villegas, *El sistema político mexicano*, Joaquín Mortiz, México, 1982.

A la caracterización que hace Cosío Villegas del sistema político se puede oponer que la etapa a que se refiere también se caracterizó por la inexistencia de procesos electorales en los que se cumplieran las reglas de participación, competencia y pluralidad. Puede decirse así que la presunta estabilidad política no tenía su origen en la legitimidad electoral. En realidad, las bases políticas de esa gobernabilidad fueron socialmente cada vez más frágiles, como se demostró en Guerrero en los años sesenta, es decir, varios años antes de lo que Cosío Villegas juzga la excepción de una vida pública tranquila.

Al respecto, Teresa Estrada Castañón, en su estudio sobre Guerrero,[2] tiene razón cuando afirma que dicho estado suele ser visto como una excepción más que como una regla en el conjunto del sistema político del país, cuando en realidad muchas de sus características son inherentes a dicho sistema: "centralismo político, autoritarismo, caciquismo, control clientelar de la elección, personalización del poder y escasa positividad de la norma, no son privativas de Guerrero, afectan al sistema en su conjunto".[3] Desde nuestro punto de vista, y tal como lo intentaremos demostrar, tales singularidades del régimen, sobre todo su condición jerárquico-corporativa, tendieron a obstaculizar el desarrollo del estado en todos los órdenes.

Es un hecho que Guerrero no vivió a partir de 1929, y menos después de 1960, la estabilidad política que se menciona y que correspondía más bien a una apreciación de carácter nacional pero no estatal, donde ya se manifestaba la insuficiencia de las estructuras políticas oficiales. Cosío Villegas señaló también que a esa situación inusitada de tranquilidad pública había que agregar, desde los años cuarenta y hasta los setenta, un progreso económico del país sin paralelo en toda su historia anterior.

---

[2] Alba Teresa Estrada Castañón, *Guerrero: sociedad, economía, política y cultura*, CIHH/UNAM, México, 1994 (Biblioteca de las Entidades Federativas).

[3] *Ibid.*, p. 56.

Por el contrario, Moisés Ochoa Campos, en su *Guerrero: análisis de un estado problema*,[4] destaca que para los años cincuenta y sesenta Guerrero se encontraba ya profundamente rezagado en términos de alfabetismo y con relación a la fuerza de trabajo ocupada en la agricultura, además de que ocupaba, respecto al resto del país, los últimos sitios en industrialización y productividad. Puede decirse que la pobreza como fenómeno generalizado en el estado tiende a reproducirse debido a factores estructurales que conciernen también al sistema político, puesto que por su carácter corporativo y clientelar ha contribuido a mantener situaciones como el acceso no equitativo a las oportunidades, así como una economía campesina de subsistencia.

La estructura de poder en el estado de Guerrero, además de su incumplimiento con las normas constitucionales y, como consecuencia de ello, de la corrupción en las prácticas del poder, se ha mostrado ineficiente para hacer posible la expansión de la participación ciudadana. Los movimientos cívico-políticos de los años sesenta que no encontraron respuesta a sus demandas en las esferas del poder local, son hechos políticos que deben ser explicados en esa perspectiva.

Es así indispensable analizar la estructura de poder en Guerrero, caracterizada por lo que pareciera ser "la falta de mecanismos y procesos capaces de asegurar la representación política en el sentido general del término, para los intereses y expectativas sociales de la entidad".[5] Para ello es necesario referirse tanto al carácter jerárquico-corporativo del régimen mexicano y su supuesto carácter reivindicativo inspirado en la revolución, así como a la forma en que se llevó a cabo la organización política de la sociedad guerrerense desde el régimen. Conviene discutir, en consecuencia, cómo en Guerrero los procedimientos de intermediación y control político han sido la

---

[4] Moisés Ochoa Campos, *Guerrero: análisis de un estado problema*, Trillas, México, 1964.

[5] Helio Jaguaribe, *Desarrollo económico y político*, FCE, México, 1981, p. 71.

matriz misma de la formación, desarrollo y consolidación de los grupos de poder locales.

Para explicar la situación política de Guerrero es necesario, entonces, considerar tanto el problema de los *cacicazgos políticos locales* y su función de intermediación respecto de la estructura vertical y corporativa del régimen político mexicano, así como la forma en que estos dieron lugar a la incorporación de la sociedad guerrerense a ese sistema. Estudiar además la configuración de la cultura política local, la manera en que la misma asumió las reivindicaciones que el propio régimen de la revolución proclamaba pero que luego entró en conflicto con esa estructura caciquil ajena a la Constitución y, por tanto, no sometida a control jurisdiccional. Conviene también, como dijimos, referirnos al atraso económico de la entidad que ha contribuido a exacerbar las contradicciones sociales.

Estructura del estudio

Para analizar el tema enunciado de sociedad y conflicto en Guerrero, y con objeto de afrontarlo metodológicamente, destacaremos, desde el punto de vista histórico-estructural, los siguientes problemas:

Violencia e inestabilidad política

El estado de Guerrero se ha singularizado, en el contexto del sistema político mexicano, por la reiterada violencia que en él se manifiesta, ya que allí se han producido no solamente reclamos al poder político local que han terminado en enfrentamientos, sino también una insurgencia guerrillera que habría de provocar posteriormente, como respuesta del gobierno federal, la promesa de una reforma electoral y política. Sin embargo, recientemente se han dado nuevos brotes de violencia debido al incumplimiento de esas promesas, así como por la inconformidad social frente a un ejercicio discrecional del poder. Aunado a lo anterior, destaca también la inestabilidad de la estructura política local que ha dado lugar a continuos relevos de gobernadores que no han terminado su periodo. Todo lo anterior genera un malestar proclive al conflicto.

La violencia en el estado de Guerrero se ha convertido en un rasgo característico de la entidad debido a que su persistencia adquiere además un carácter político puesto que casi siempre es el resultado de demandas sociales insatisfechas, y porque frente a ella el régimen ofreció reformas políticas, en el marco de la Constitución, para hacer posible la democratización de la vida pública, reformas que por contraponerse al ejercicio del poder propio del régimen no se han llevado a cabo.

El atraso económico y social
El atraso en Guerrero se manifiesta sobre todo en la situación del campesinado; por esta razón habremos de dedicarle particular atención. Es allí donde aparece de la manera más clara el involucramiento entre las estructuras del poder político y las condiciones de vida de ese sector social. En efecto, el manejo político oficial impuesto a la reforma agraria con objeto de someter a los campesinos como votantes cautivos del régimen y la atención prioritaria que el gobierno del estado ha concedido al rubro turístico en detrimento de la industria, y sobre todo de la agricultura, han traído consigo la insatisfacción campesina respecto de una organización política clientelar que da lugar a la manipulación de sus demandas ya que la gestión de las mismas no se realiza de manera directa, sino a través de las estructuras corporativas del régimen.

Si se toma en consideración, además, que el crecimiento económico de México posterior a la revolución se sustentó en buena parte en el comportamiento de la agricultura —puesto que a partir de 1935 la producción agrícola se elevó con una tasa real del 4.4% al año[6]— pero que tales índices responden en

---

[6] Roger D. Hansen, *La política del desarrollo mexicano*, 21. ed., Siglo XXI, México, 1993, p. 105.

realidad a la agricultura comercial, el resultado es que ese crecimiento dio lugar, también, a una concentración de los recursos, como ocurrió en otros sectores de la economía. En el caso del estado de Guerrero ha prevalecido una agricultura de autoabasto que no es redituable para la población campesina e indígena de la entidad.

Lo anterior se expresa en la restricción de oportunidades económicas y sociales al alcance de los campesinos, con la consecuente crisis del sector agrícola en una sociedad, como la guerrerense, eminentemente campesina, pues dicho rubro ha decrecido en los últimos años en términos de su contribución al Producto Interno Bruto (PIB) estatal —como lo mostraremos en su oportunidad— e igual situación se ha producido en la industria, mientras que solamente el sector terciario ha tenido un crecimiento sostenido al respecto.

La paradoja del desarrollo mexicano consiste así en que la estrategia económica del gobierno, que ha concentrado el ingreso y agudizado la pobreza, se ha producido en el marco de un régimen político producto de una revolución. De aquí la incongruencia de tal modelo de desarrollo, pero que se explica si se toma en cuenta que la estructura política que surge de ese movimiento revolucionario tiene como una de sus funciones el control político de la sociedad mexicana y, en consecuencia, la reducción de la demanda social. Ambos aspectos, tanto el control de los campesinos como la reducción de sus demandas, dieron lugar a una situación social y económica que mantiene en la postración a la agricultura de subsistencia. En Guerrero esto se expresa de la manera más crítica.

Puede destacarse, al respecto, que desde sus orígenes se produce en el régimen mexicano una estructura política formal y orientada por ciertos fines sociales (los de la Revolución de 1910) y, por otra parte, una estructura informal, la de la burocracia y las élites políticas, controladas finalmente por el Presidente de la República. Ello como consecuencia de la doble pretensión del régimen de la revolución de enfrentar el atraso económico y de organizar políticamente a las masas para alcanzar ese objetivo, lo que ha propiciado, dado su carácter corporativo, un ejercicio discrecional del poder al amparo de las instituciones oficiales.

Lo anterior nos obliga a discutir las verdaderas consecuencias sociales y políticas que ha tenido el partido del gobierno en cuanto organización subordinada al Ejecutivo federal. Para ello habría que destacar el carácter informal y autoritario de las decisiones que efectivamente se ponen en práctica por dicha organización y que revelan la naturaleza del régimen político mexicano.

Pobreza y violencia

Además de la violencia, los índices de la estructura social y económica del estado de Guerrero revelan una condición de atraso extremadamente aguda, tanto por lo que se refiere a las condiciones de vida (68% vive en condiciones de pobreza y pobreza extrema[7]) como también por los aspectos relativos a la cultura y educación (23.9% de la población de 15 años y más no sabe leer ni escribir, lo que representa el nivel de analfabetismo más alto a nivel nacional solamente después del de Chiapas[8], y 21.9% no terminó la primaria[9]). Además, según datos oficiales, en 1997 el 28.16% de la población no recibía ingresos y percibía menos de un salario mínimo el 21.77%.[10]

El problema en conjunto de la entidad es el de un atraso que se manifiesta en todos los niveles sociales. Lo que caracteriza así a Guerrero es una fragmentación social y económica y un ámbito de lo público en extremo inestable dado su desapego a las leyes del país, lo que pareciera explicar en parte la violencia que allí se produce de manera reiterada.

---

[7] *Reforma*, México, 4 de febrero de 1999.
[8] INEGI, *Perspectiva estadística de Guerrero*, México, 1997, p. 29.
[9] INEGI, *Guerrero. Perfil sociodemográfico*, México, 1997, p. 30.
[10] *Ibid.*, p. 44.

Consideraciones de orden metodológico

Las preguntas que sobre los problemas señalados pueden formularse para hacer posible un análisis histórico-crítico de los mismos son las siguientes: en primer término, y con relación a la violencia, conviene preguntarse en qué medida la misma es la expresión de la carencia de un orden político institucional capaz de dar cabida a las demandas más agudas de la población conforme a los derechos ciudadanos. Lo anterior en el marco de un régimen político que a partir de la Revolución mexicana ofreció dar cabida a las demandas sociales y responder institucionalmente a las mismas; es decir, la violencia social sería así no solamente resultado del atraso social y económico y de una carencia de institucionalización del poder político conforme a derecho, sino también de expectativas no resueltas por las estructuras del poder local. Puede afirmarse al respecto que dentro del propio sistema político se procesó una *cultura política aspirativa* que luego no solamente no encuentra respuesta dentro de dicho marco, sino que además tiende a enfrentarse conflictivamente con las estructuras del poder político local.

En segundo término, es necesario también preguntarse sobre el atraso económico del estado y, sobre todo, por qué la estructura de poder a nivel local no ha dado lugar a una gestión política del desarrollo y sí, en cambio, a grupos de poder que han sido incapaces de llevar a la práctica un programa social coherente para resolver los problemas locales. Lo que llama la atención al respecto es que el estado de Guerrero pareciera ser una de las excepciones, junto con Chiapas y Oaxaca, en el marco de lo que hasta los años setenta constituye el aparente éxito del régimen político mexicano, es decir, el crecimiento económico. Es revelador, al respecto, que el Producto Interno Bruto del estado de Guerrero se haya mantenido, en los últimos años, en 1.7% del total nacional y que la entidad haya ocupado el trigésimo lugar en términos del PIB *per capita*.[11]

---

[11] INEGI, *Guerrero. Cuaderno de información para la planeación*, México, 1990, p. 12.

Incluso en la obra de Pablo González Casanova, *La democracia en México*, se afirma que el Estado mexicano y el tipo de instituciones que formó fueron un "excelente instrumento para el arranque del desarrollo nacional",[12] no obstante que allí se subraya mediante el análisis de las estadísticas oficiales la polarización del ingreso en el marco del régimen político. La cuestión que debe plantearse al respecto es por qué, en cambio, este hipotético éxito del sistema político mexicano, por lo menos hasta los años sesenta, no se ha visto reflejado en el estado de Guerrero. Más aún, puede decirse que justamente a partir de esa fecha la situación social y política de la entidad ha tendido a deteriorarse.

Lo que pudo ocurrir es que el sistema político, por su carácter jerárquico-corporativo, ha contribuido tal vez con más eficacia que las mismas decisiones públicas de estrategia económica a compaginar el crecimiento del Producto Interno Bruto con la aguda concentración del ingreso, todo ello en condiciones de una cierta estabilidad nacional. Es decir, se alcanzó el crecimiento económico a costa de la inmovilidad política del sistema y de la carencia de una auténtica representación ciudadana en el mismo. En el caso de Guerrero, donde persistía ya el atraso económico y de la agricultura en particular, el carácter autoritario del régimen impidió avanzar hacia el desarrollo.

Definición de problemas

Centralismo y caciquismo
Uno de los medios para llevar a cabo el control político de la entidad lo constituyó, de manera destacada, el caciquismo como recurso consustancial a la instalación del sistema político en el estado. Su función de intermediación política permitió a los

---

[12] Pablo González Casanova, *La democracia en México*, Era, México, 1993, p. 87.

caciques locales conservar su fuerza política y acrecentar su poder económico en tanto que miembros de excepcional importancia de una estructura autoritaria.

Al respecto, cabe insistir que el sistema político que surgió con la Revolución mexicana reclama su legitimidad de acuerdo con el objetivo de enfrentar el atraso económico a través de sus organizaciones e instituciones políticas. Bajo estos postulados la propiedad, sobre todo de la tierra, debería subordinarse a su utilidad social; de allí que se aceptara y se promoviera, por medio de la reforma agraria, la propiedad colectiva de la tierra. Para ello se dio primacía al Ejecutivo sobre los otros poderes. La Constitución de 1917 consagró a su favor facultades más amplias que las anteriores leyes fundamentales y, *de facto*, reunió poderes enormes como centro del poder político. Lo anterior para actuar, supuestamente, en favor de los campesinos y los trabajadores urbanos, dando lugar no obstante a prácticas autoritarias en el ejercicio del poder político, a pesar de la existencia de un marco legal formalmente democrático.

Lo que queremos destacar como problema respecto al caciquismo y el sistema político mexicano, es que el régimen revolucionario le dio al nuevo Estado una base social por medio de la reforma agraria. Sin embargo, dicho régimen dio lugar a una estructura informal con una organización política apoyada en los caciques locales e impuesta de manera autoritaria. Tal situación, producto de un Ejecutivo sin contrapesos y de un partido de Estado, contribuyó a la permanencia de esas formas de dominación y control clientelar que se fueron distanciando, cada vez más, del interés general de la sociedad.

La monopolización del poder y sus efectos en el atraso social y económico del estado

Se puede sugerir también, como problema, que la carencia de desarrollo político puede trastocar además el desarrollo social y económico porque la monopolización del poder y la carencia de institucionalización política en una sociedad sin estructuras propias dan lugar a la monopolización de la actividad social y económica. De esta manera, en Guerrero se privilegió la infraestructura turística a partir del gobierno de Miguel Alemán (1946-1952), lo que tendió a agudizar los conflictos sociales, sobre todo porque ello contribuyó al abandono del problema de la tierra como reivindicación social y condición de legitimidad del sistema político. En nuestra explicación, intentaremos mostrar los rasgos más característicos del sistema político mexicano, así como la manera en que han incidido en el atraso del estado.

La cultura cívica como sustento de los movimientos políticos de la entidad
Los rasgos del sistema político mexicano, sustentados en el supremo arbitraje presidencial y en un pacto vertical y centralizado, tendieron a contraponerse cada vez más con los criterios de legitimación que el Estado reivindicó a partir de la Revolución mexicana y dieron lugar a una ruptura entre la cultura política que se derivó de ese movimiento y las realizaciones del propio Estado.

La hipótesis que puede formularse al respecto es que los conflictos sociales que se han producido en Guerrero son el resultado, también, del deseo de cambio social y de una concepción de la política heredada de los movimientos populares (como el de la revolución), así como de la incapacidad del propio Estado para modificar sus estructuras de gestión social, con la consecuente pérdida de legitimidad política que se ha manifestado con claridad en los procesos electorales recientes que aquí analizaremos.

Primera Parte

Guerrero, una entidad organizada políticamente desde el "oficialismo revolucionario"

La fundación del Partido Nacional Revolucionario (PNR) en 1929 y la estructura del poder local

El estado de Guerrero ha tenido un carácter controversial en el contexto del régimen político mexicano producto de la revolución. Ello se debe, en parte, a que pareciera singularizarse del resto del país por la violencia e inestabilidad política que allí se manifiestan. La violencia, no obstante, se genera en la pobreza que afecta a la gran mayoría de la población guerrerense y en muchos de los casos pareciera ser el resultado, también, de la insatisfacción de sus demandas por las instancias del gobierno y de la manera en que operan las instituciones que debieran hacer cumplir la legalidad constitucional. La violencia, en una primera aproximación, pareciera vincularse entonces con la forma en que se ejerce el poder y, sobre todo, con ciertos medios de intermediación y control político, con la parcialidad del orden jurídico y con las acciones represivas del gobierno, circunstancias que surgieron y se han hecho presentes de manera reiterada en la historia política reciente de la entidad.

Para entender el ejercicio del poder local, conviene referirse a las circunstancias históricas que dieron lugar a las prácticas del poder que luego habrían de afianzarse y de adquirir forma en las instituciones políticas del régimen de la revolución, sobre todo a partir de 1929, lo que además nos permitirá distinguir entre las formas de legitimación propias del caciquismo local y la organización política y clientelar que se impone con el "oficialismo revolucionario" que habría de desembocar, durante el gobierno de Lázaro Cárdenas, en el corporativismo.

Cabe recordar, al respecto, que la inestabilidad y los conflictos políticos en Guerrero anteriores a la revolución tenían su origen, en buena parte, en la inconformidad que privó entre los caciques y políticos locales contra la subordinación del estado al interés político nacional durante el gobierno de Benito Juárez y, sobre todo, de Porfirio Díaz. La resistencia a esa política provino, en un principio, de los grandes caciques militares de la entidad, de manera destacada de Juan Álvarez (cuyo dominio del Sur fue sancionado con la fundación del estado de Guerrero en 1849, convirtiéndose así en el primer gobernador de la entidad), pero también de su hijo y heredero político Diego Álvarez y de quienes disputaron a este el poder local: los generales Vicente Jiménez, de Tixtla, y Canuto A. Neri, de Chilpancingo.

En cuanto al relevo político de los caciques militares y debido a las consecuencias económicas y políticas del porfiriato, con el cambio de siglo la oposición a los poderes centrales habría de expresarse, sobre todo, en grupos de clase media que se sentían injustamente desplazados, tales como los rancheros del norte de Guerrero, Francisco, Rómulo y Ambrosio Figueroa; propietarios agrícolas de la Costa Grande, como el maestro de escuela Silvestre G. Mariscal; terratenientes como Eucaria Apresa y Amado Rodríguez Espinosa de Chilapa y Rafael del Castillo Calderón, político y propietario de Tierra Caliente. Estos grupos e individuos protagonizaron revueltas políticas locales y participaron después en el levantamiento maderista de 1911. En efecto, la mayor parte de quienes se rebelaron en esa fecha procedían de la clase media urbana y rural del estado. Pueden mencionarse además, con relación al levantamiento maderista, a Julián Blanco en Dos Caminos, Héctor F. López, propietario de tierras en Coahuayutla; Enrique Añorve Díaz, propietario agrícola de la Costa Chica; José Inocente Lugo de Ajuchitlán, Manuel D. Asúnsulo de Chichihualco y Jesús H. Salgado de Teloloapan,

Se trató, por ello, de una insurrección de los grupos sociales que se formaron sobre todo durante el profiriato. Es en este sentido que se ha afirmado que "la Revolución mexicana en Guerrero no fue iniciada por campesinos sin tierra sino por rancheros relativamente prósperos".[1] Puede decirse así que las causas inmediatas del levantamiento de 1911 fueron políticas;

---

[1] Ian Jacobs, *La revolución mexicana en Guerrero. Una revuelta de rancheros*, Era, México, 1990, p. 103.

esto no significa que no existieran condiciones económicas y sociales que favorecieran la subversión social en gran escala, lo que decimos aquí es que quienes influyen de manera decisiva en los orígenes del movimiento armado son aquellos grupos sociales que se sienten agraviados por las imposiciones y disposiciones del centro del país. Lo que buscamos explicar con ello son las condiciones locales que permitieron que prosperara, incluso por las profundas contradicciones sociales del estado, y el endémico faccionalismo de la política local, el proyecto prioritario de la Revolución mexicana de construir un Estado fuerte para consolidar un proyecto nacional e impulsar el desarrollo económico del país, aunque lo que en realidad se consiguió fue un poder político sin contrapesos institucionales y que después sería usado de manera discrecional por la burocracia política.

Incluso el faccionalismo, y los conflictos de las cuatro agrupaciones regionales que impulsaron la revolución en Guerrero (Rómulo Figueroa en el Norte, Jesús H. Salgado en Tierra Caliente, Julián Blanco en el Centro y en la Costa Chica y Silvestre G. Mariscal en la Costa Grande), fue favorecido por el "oficialismo revolucionario" que al impulsar un proyecto político hegemónico medió entre los caciques y caudillos locales, puesto que para Venustiano Carranza, Álvaro Obregón y Plutarco Elías Calles la construcción de un Estado fuerte y su propio liderazgo político se convirtieron en la prioridad del movimiento armado. De esta manera, el conflicto político local que se presentó era el resultado, también, de la prioridad del "oficialismo revolucionario" de subordinar al estado de Guerrero a un poder de índole nacional con la mediación de los jefes revolucionarios locales. Por ello se les promovió en algunos casos y en otros se arbitró entre ellos. Los jefes revolucionarios, por su parte, reclamaban una cierta independencia, pero solamente como instrumento para ampliar su poder, desde sus propias regiones, a todo el estado. Se trató así, en cierta forma, del antagonismo entre los medios asociativos y de clientelismo político del "oficialismo revolucionario" y los antiguos estilos de índole personal de la política caciquil local.

En efecto, siguiendo el modelo de los viejos caciques militares que predominaron durante el siglo XIX en Guerrero, los jefes revolucionarios establecieron una clara hegemonía territorial como base de su fuerza y se enfrentaron entre ellos no solamente en razón de una visión distinta del problema de la tierra —como sucedió por ejemplo entre los Figueroa de origen ranchero y Jesús H. Salgado, quien efectivamente representaba intereses campesinos ligados al zapatismo—, sino además para ensanchar su poder militar al estado de Guerrero en su conjunto. De la misma manera también que los caciques militares, todos ellos hacendados que favorecieron una relación padrino-cliente, los jefes revolucionarios se legitimaban

> ...por haberse enfrentado a otras facciones... Pero todo esto será a costa de restablecer el equilibrio patronal con nuevas facciones "revolucionarias" de fundamento igualmente clientelar. El "caudillismo" podría encontrar ahí su explicación, o acaso su apoyo lógico, sobre todo si lo interpretamos como una variante del clientelismo sostenido en la violencia.[2]

Con la construcción de un Estado fuerte y cuya legitimidad buscaba sustentarse en la redención social sobre todo del campesinado, los mandos nacionales de la revolución buscaron restablecer un nuevo equilibrio con base ahora en una organización política de cobertura nacional que se impusiera al conjunto de intereses caciquiles del país subordinándolos a esa estructura y, en ese sentido, actualizando las relaciones padrino-cliente conforme a la nueva organización política del país. Lo anterior sería favorecido por el relevo de los jefes locales de la revolución en favor de jóvenes figuras revolucionarias como fue el caso de Rodolfo Neri (hijo del antiguo cacique y general

---

[2] José A. González Alcantud, *El clientelismo político. Perspectiva socioantropológica*, Anthropos, Barcelona, 1997, pp. 60-61.

Canuto A. Neri), quien con el apoyo de Obregón se convirtió en gobernador del estado el 1 de abril de 1921 y hasta el 31 de marzo de 1925, no obstante la vigorosa oposición que le representó el último de los caudillos militares guerrerenses, Rómulo Figueroa.

De esta manera, en la etapa de construcción del régimen político mexicano que comprende los años de Álvaro Obregón, Plutarco Elías Calles y Lázaro Cárdenas, la inestabilidad política de Guerrero se dio porque mientras el "oficialismo revolucionario" se empeñaba en afirmar su control sobre la entidad, los grupos rivales buscaban también —como ocurrió durante la fase armada— el apoyo de los "jefes de la revolución" para alcanzar el poder. La inestabilidad de los poderes locales pareciera responder así, en esos años, a una pugna sin reglas y ajena a los intereses de la sociedad civil, por lo que la lucha política no era en realidad sino la confrontación abierta de los grupos por el poder, sancionada en última instancia por el "oficialismo revolucionario".

Después de los años cuarenta, la estructura del poder local quedó subordinada a los grupos que, habiéndose formado en esas circunstancias, detentaban el poder político e incluso controlaban los recursos del estado como consecuencia de la forma patrimonialista en que se ejercía el poder. Los grupos políticos locales se encontraban, además, estrechamente relacionados con el centro político del país a través de las estructuras corporativas del régimen. El monopolio en el ejercicio del poder político y la imposibilidad de enfrentar eficazmente en esas condiciones los problemas sociales de la entidad dieron lugar a una nueva escalada de inconformidad y de violencia, como la que protagonizaron los copreros, el movimiento cívico-estudiantil de 1960 y, en una situación extrema, la guerrilla a partir de esos años y hasta 1974.

Las pugnas de los grupos locales sin una base social real (puesto que su protagonismo deriva de la capacidad que tienen para mantener el control del estado a través de la manipulación de las demandas sociales), han dado lugar a una inestabilidad agravada porque en última instancia la permanencia en el poder de esos grupos obedece a sus vínculos y apoyos políticos con la burocracia del centro del país. Así, los gobernadores mantienen su condición de representantes de los poderes locales en la medida en que puedan conciliar, de alguna forma, los intereses de esos grupos y además cumplan las tareas impuestas por el "oficialismo revolucionario", pues sobre todo se encuentran subordinados al Ejecutivo federal, cuyo instrumento privilegiado ha sido un partido de Estado, primero federativo y después corporativo, que, más que procesar la demanda ciudadana, tiende a mediatizarla a través de sus distintos sectores.

A partir de esta caracterización general de la estructura del poder local, resulta necesario llevar a cabo un recuento de la historia política de la entidad desde el momento en que el Partido Nacional Revolucionario (PNR) se impuso localmente, estableciendo así las condiciones de una estructura del poder nacional que da forma y condiciona las estructuras de los poderes locales.

A las circunstancias de conflictividad social y política que han existido en el estado se suma un atraso social y económico, por lo que ya en el informe de diciembre de 1930 el gobernador Adrián Castrejón (1de abril de 1929-28 de marzo de 1933) se refería a la necesidad de crear "nuevas condiciones de desarrollo" y reconocía que "si bien es cierto que hasta hoy [la entidad] ha brillado en las páginas de la historia nacional con los hechos heroicos de sus valientes hijos, ha quedado relativamente apartada de la acción civilizadora que por sus mejores condiciones económicas, impulsa y alienta a las demás entidades de la República".[3] Con estas palabras, Adrián Castrejón se refería a la paradójica situación del estado pues, no obstante que sus caudillos habían participado activamente en el movimiento de

---

[3] "Informe de gobierno del 1 de diciembre de 1930", *Periódico Oficial del Gobierno del estado de Guerrero*, Chilpancingo, 2 de diciembre de 1930, p. 1.

Independencia y en las luchas civiles posteriores, el atraso económico e incluso el aislamiento de la entidad eran hechos manifiestos.

En el caso de Acapulco, hasta los años veinte había que trasladarse a Manzanillo o a Salina Cruz para continuar en tren hacia la ciudad de México, situación propiciada por los intereses económicos de las casas españolas asentadas en la costa a fin de mantener el monopolio económico de esa región. Las casas Alzuyeta y compañía, fundada en 1821; B. Fernández y compañía, fundada entre 1824 y 1826, y Fernández Hermanos, establecida en 1900, se constituyeron en los consorcios que regían la vida económica de Acapulco y de las costas. Incluso poseían también enormes extensiones de tierra. La empresa B. Fernández y compañía, entre otras propiedades, era dueña de la hacienda San Luis y Anexas, con 35 mil hectáreas en la Costa Grande, y junto con otras dos firmas, también españolas, tenían dos fábricas textiles: una en el Ticuí (Atoyac) y otra en Aguas Blancas, próxima a Coyuca de Benítez.

En las condiciones sociales precarias y en el aislamiento en que sigue viviendo Guerrero aún después de la revolución, se produjo en el estado un cierto reformismo social, toda vez que la vida política de Guerrero de 1921 a 1924 se caracterizó por el enfrentamiento entre el gobernador Rodolfo Neri y quien resultó ser el último de los caudillos revolucionarios en el estado, Rómulo Figueroa, quienes representaban intereses distintos, puesto que la influencia de Figueroa se basaba en su control sobre las fuerzas militares de la entidad; Neri, en cambio, era activo defensor de los grupos agraristas y obreros que constituían su principal apoyo. A Neri habría de sucederle Héctor F. López (1 de abril de 1925-1 de febrero de 1928), quien proclamaba la necesidad de respetar los derechos tanto de los ejidatarios como de los propietarios "porque la iniciativa y el trabajo del hombre deben respetarse".[4]

---

[4] "Informe del 1 de septiembre de 1926", *Periódico Oficial del Gobierno del estado de Guerrero*, Chilpancingo, 4 de septiembre de 1926, p. 7.

Los choques entre los intereses representados por Rómulo Figueroa y el gobernador Neri fueron también frecuentes en la costa, donde Juan R. Escudero, político radical de Acapulco, se convirtió en activo defensor de los derechos de los trabajadores. Tanto en la Costa Grande, como en Acapulco, se produjo un reformismo social impulsado por partidos locales, como el Partido Obrero de Acapulco (POA) fundado en 1920, situación que se reprodujo también en Coyuca y en Tecpan, pero el activismo social se extendió a Atoyac y La Unión. De esta manera, en las elecciones municipales de diciembre de 1922 Escudero ganó la alcaldía de Acapulco por un año más —luego de haberla ganado en 1921— pero también triunfaron Amadeo Vidales por el Partido Obrero de Tecpan, Andrés G. Galeana en Atoyac y Rosendo Cárdenas por el Partido Obrero de Coyuca.

Juan R. Escudero fue asesinado en 1923. Luego de su muerte, la costa siguió bajo el control de los agraristas, dirigidos ahora por Amadeo y Baldomero Vidales, quienes impulsaron la creación de la sociedad cooperativa agrícola Unión de Ambas Costas en la zona de La Sabana y sobre terrenos que habían sido de las haciendas La Unión y El Mirador. A principios de 1929, Vidales y sus seguidores abandonaron la lucha armada y se reincorporaron a la vida civil. Con ello se inició una segunda fase de reformismo social impulsada por el gobernador de origen zapatista Adrián Castrejón quien, como señalamos, llegó al poder el 1 de abril de 1929.

En esas condiciones, Castrejón convirtió al agrarismo en programa de gobierno pero, a diferencia de Rodolfo Neri, la iniciativa estuvo a cargo del gobernador del estado, al constituir el Partido Socialista de Guerrero. Con ello, el recurso organizativo de los reformistas ya no eran los partidos locales de la costa, sino el nuevo Partido Socialista de Guerrero de cobertura estatal. En el que habría de ser el último informe de Castrejón, rendido el 1 de septiembre de 1932, se dirigía a los campesinos y obreros quienes, habiendo sido "el brazo armado de la Revolución para conquistar sus derechos sagrados" se habían convertido en "el baluarte inconmovible de nuestras Instituciones y el respaldo magnífico del Gobierno que presido".[5]

El gobernador del estado se convirtió, así, en el organizador político de los campesinos, con un radicalismo ideológico que en el futuro habría de diluirse cada vez más en función de la manera en que se ejerce el poder, puesto que la justificación del mismo se encuentra no en los principios constitucionales de convivencia democrática, sino en su capacidad para encauzar la demanda social, de allí la importancia del agrarismo como base social del gobierno de Castrejón. No se trata de construir un gobierno conforme a las leyes, sino sobre todo un gobierno que satisfaga las demandas populares y, para ello, las decisiones personales del gobernador, incluso cuando contravienen los principios legales, resultan justificadas.

En cuanto a las condiciones políticas imperantes a nivel nacional, el reconocimiento del atraso guerrerense en el informe de Adrián Castrejón se producía casi dos años después de constituido el Partido Nacional Revolucionario, el 4 de marzo de 1929, y bajo las condiciones en que empieza a consolidarse la nueva estructura del poder en la entidad afín a ese partido.

La coyuntura política en los años de Álvaro Obregón, Plutarco Elías Calles y Lázaro Cárdenas produjo en Guerrero inestabilidad política porque, como dijimos, mientras localmente los grupos rivales —agraristas, caudillos militares y revolucionarios civiles— luchaban por el poder, la corriente del "oficialismo revolucionario", impulsada desde los poderes centrales, buscaba establecer su control sobre el estado así como en el resto del país. Se produjeron entonces los mecanismos informales de poder y control social que funcionaron por sobre los postulados de la revolución. Uno de los momentos clave, al respecto, se presentó con el asesinato de Obregón el 17 de julio de 1928, situación que venía a poner fin a la alianza de los

---

[5] "Informe del 1 de septiembre de 1932", *Periódico Oficial del Gobierno del estado de Guerrero*, Chilpancingo, 7 de septiembre de 1932, p. 1.

diversos grupos políticos que a nivel nacional se empeñaban en su reelección.

En esas condiciones, y como veremos posteriormente, Calles se vio obligado a buscar una salida conciliadora para superar el descontento y la fuerza política del obregonismo, al mismo tiempo que reafirmaba su control sobre la política nacional. Por esta razón, la coyuntura política que se produjo en esas fechas incidió de manera importante en la llamada "institucionalización de la Revolución mexicana".

Por lo que se refiere al estado de Guerrero, con Adrián Castrejón se inició, en 1929, lo que podríamos considerar una nueva etapa en la estructura del poder local en la medida en que este antiguo combatiente zapatista buscó dar una base social a su gobierno. Para ello organizó, como ya dijimos, al Partido Socialista de Guerrero (PSG) y a la Liga de Comunidades y Sindicatos Campesinos del Estado de Guerrero a fin de acceder a la gubernatura con ese respaldo.

En su primer informe de gobierno, el 1 de diciembre de 1929, Castrejón afirmaba que "la comisión local agraria ha tratado de convertir en realidad el supremo ideal de la redención económica del campesinado", y anunciaba también que se había verificado los días 3, 4 y 5 de octubre el Primer Congreso Agrario "con asistencia de más de 400 Delegados de los pueblos que han recibido y solicitado [*sic*] tierras ejidales [y] en el que se trataron con todo entusiasmo cuestiones de alto interés agrario, entre otras la instalación de un Banco Cooperativo Agrícola Refaccionario y la formación de Cooperativas Ejidales".[6]

Por lo demás, el PSG se convertiría en una de las muchas organizaciones que habrían de adherirse al nuevo frente político —el PNR— impulsado desde el poder central. El PNR habría de convertirse en una estructura que respondía a los requerimientos del "oficialismo revolucionario" a fin de dar forma a sus objetivos integrando y subordinando a ellos los demás intereses. El

---

[6] "Informe del 1 de diciembre de 1929", *Periódico Oficial del Gobierno del estado de Guerrero*, Chilpancingo, 4 de diciembre de 1929, p. 7.

carácter federativo que originalmente asumió dicho partido de Estado habría de resultar fundamental en el cumplimiento de ese propósito. Al integrar a los distintos grupos regionales y locales de la sociedad mexicana a esa estructura, el PNR se convirtió en una confederación de grupos y "partidos caciquiles".

La eficacia de ese mecanismo se mostró desde el momento mismo de la constitución del partido, pues las gubernaturas se convirtieron, a través de esa maquinaria del Estado, en extensiones del poder central, obligando a los gobernadores a fungir como "gestores" del PNR a nivel regional. Lo anterior se puso ya claramente de manifiesto en el estado de Guerrero cuando el gobernador Adrián Castrejón, en su informe de septiembre de 1931, decía que como ciudadano y hombre público se identificaba con los principios del Partido Nacional Revolucionario, a quien consideraba genuino representante de los intereses políticos del país, por lo que le otorgaba su abierta ayuda fijándole "un subsidio de trescientos pesos mensuales" y poniendo "a disposición del Comité de Estado Local, un edificio ubicado en una de las principales arterias de esta ciudad",[7] es decir, de la capital del estado, Chilpancingo. Y en el decreto número 105, del 21 de febrero de 1933, se creaba la partida del "Subsidio para el Partido Socialista del Estado de Guerrero *dependiente del Partido Nacional Revolucionario...*".[8]

---

[7] "Informe de Gobierno del 1 de septiembre de 1931", *Periódico Oficial del Gobierno del estado de Guerrero,* 2 de septiembre de 1931, p. 1.

[8] "Decreto número 105" del 21 de febrero de 1933, en el *Periódico Oficial del Gobierno del estado de Guerrero*, p. 6. Las cursivas son nuestras.

La inestabilidad de los gobiernos locales

Por lo que se refiere a la inestabilidad de los gobiernos locales cabe hacer notar que, no obstante que con Adrián Castrejón se inició lo que el régimen consideró "la modernización política" en el estado de Guerrero y que con él se llevó a cabo también, de forma sistemática y organizada, la reforma agraria —pues ya el primer año de su gestión se caracterizó por un rápido aumento en el reparto de tierras que consolidó la base social de su gobierno—, al final de su gestión habría de enfrentar una serie de dificultades con el PNR que le impidieron culminarla.

En primer término, porque su obra agrarista se vio obstaculizada por la nueva orientación que dio Plutarco Elías Calles a la reforma agraria en México al impulsar la propiedad privada de alta productividad y en la que el ejido resultaba ser solamente una etapa en las tareas del régimen. De esta manera, disminuyó la distribución de tierras expropiadas en 1928 y, ya para 1929, Calles fijó un término al reparto agrario. En contraposición a ello, Castrejón impulsó el agrarismo a nivel local creando una situación que contravenía lo dispuesto por el oficialismo revolucionario.

Una nueva situación adversa al gobierno de Castrejón se produjo con la renuncia del presidente Pascual Ortiz Rubio el 1 de septiembre de 1932, con quien había establecido una relación cercana. Lo anterior propició que al final de su mandato, cuando el Partido Socialista Guerrerense y la Liga de Comunidades y Sindicatos Campesinos del Estado de Guerrero intentaron llevar al poder, por decisión del propio Castrejón, al senador Ezequiel Padilla, quien terminó por imponerse fue el general Gabriel R. Guevara con el apoyo de Calles y del PNR.

Con ello se afirmaba la preeminencia de los poderes centrales por sobre los intereses locales, haciendo prevalecer el criterio de la unificación nacional, pero en realidad dando lugar a la subordinación de las distintas fuerzas políticas del país a un mando único: el del "Jefe Máximo". Gabriel R. Guevara (1 de abril de 1933-5 de noviembre de 1935) llegó a la gubernatura del estado en función de los nuevos intereses latifundistas prevalecientes y con el decidido apoyo de Calles.

Como dice Ian Jacobs, con la elección de Guevara el PNR habría obtenido un triunfo sobre "la organización política de un gobernador en ejercicio", puesto que se trataba además de una organización que, como vimos, se encontraba vinculada a intereses populares, en particular a los del agrarismo. Con ello se demostraba que la propia maquinaria política impuesta desde el centro podía pasar por alto dichas demandas si así convenía a sus intereses. En esas condiciones, se entabló una abierta confrontación entre el Partido Socialista de Guerrero y el PNR, como lo demuestra uno de los comunicados que se dictaron entonces:

> ...no conformes con la derrota que tuvieron en la designación del candidato al gobierno del estado... pretenden mantener el poder público en beneficio de un reducido número de serviles del general Castrejón y en contra de los postulados del PNR de quien hacían alarde pertenecer. Esto puede justificarse con la llamada de todos los presidentes municipales de todo el estado por el gobernador Castrejón a la ciudad de Chilpancingo, donde recibieron consigna de mantener la supremacía autoritaria del Partido Socialista del Estado que es jefe nato el mismo Castrejón en contra del PNR de quien abiertamente se ha indisciplinado.[1]

Guevara se vio obligado incluso, para consolidar su administración, a desconocer los ayuntamientos castrejonistas en abril de 1933, buscando también el control de los comisarios ejidales.

---

[1] Carta del presidente del Comité Municipal del PNR en Iguala para el presidente del Comité Estatal del PNR en Chilpancingo, 5 de noviembre de 1932, Secretaría General de Gobierno, caja 240, ramo 311.6. Citado por Guillermina Baena Paz en "General Adrián Castrejón (1929-1933), el zapatismo institucionalizado", Acapulco, 1996, pp. 32-33. Mimeo.

Con Gabriel R. Guevara la familia Figueroa regresó al poder en Guerrero, después de su participación en la fase armada de la revolución. En efecto, según lo informaba el gobernador Guevara el 1 de septiembre de 1934, en las elecciones del mismo año para diputados y senadores, así como presidente de la República, el Partido Nacional Revolucionario habría declarado triunfantes "Como diputados a la H. Cámara federal por el Primer Distrito Electoral a los C.C. Alberto R. Guevara [hermano del gobernador y colaborador estrecho tanto de Rómulo como de Francisco Figueroa], e Ingeniero Rubén Figueroa". En esa misma relación aparecían también el general Alberto F. Berber por el quinto distrito electoral y Alejandro Gómez Maganda por el sexto, quienes habrían de ocupar la gubernatura posteriormente, sin poderla concluir en ambos casos.

En cuanto a la gestión de Adrián Castrejón, la cámara de diputados de Guerrero lo desaforó cuando solamente faltaban tres días para que concluyera su periodo constitucional. Sin embargo, "no parece que los diputados consiguieran el objetivo de hacerlo polvo, pues la Secretaría de Gobernación se negó a reconocer la destitución —entre otras razones porque no había ya tiempo para ello".[2]

Los problemas del gobernador Adrián Castrejón a solo unos cuantos días de terminar su mandato fueron, como se puede ver, el resultado de los conflictos entre los políticos y grupos locales y el poder político central. A partir de entonces la caída de los gobernadores por las mismas razones, y en función también de una subordinación cada vez mayor a ese poder, se convirtió en una situación común en la historia política local.

Después de Adrián Castrejón, tampoco terminó su mandato Gabriel R. Guevara (el gobernador que lo sucedió), debido a la puesta en marcha del programa político del régimen revolucionario impulsado por Cárdenas y al que ahora Guevara resultaba contrapuesto. A Guevara lo sucedió el licenciado José

___
[2] Carlos Moncada, *¡Cayeron! 67 gobernadores derrocados (1929-1979)*, edición del autor, México, 1979, p. 44.

Inocente Lugo el 6 de noviembre de 1935, quien terminó dicho periodo el 31 de marzo de 1937: "En 1935, cuando Cárdenas luchaba por el poder con el 'Jefe Máximo', fueron depuestos siete callistas gobernadores de estado, entre ellos Gabriel Guevara, de Guerrero".[3]

El general Alberto F. Berber, siguiente gobernador electo (1 de abril de 1937-18 de febrero de 1941), tampoco terminó su periodo y fue sustituido por el profesor Carlos F. Carranco Cardoso el 19 de febrero de 1941. En la caída del gobernador Berber fueron decisivas sus diferencias, a partir de 1939, con el Partido de la Revolución Mexicana (PRM) que había sustituido ya al PNR el 30 de marzo de 1938, lo que culminó con la imposición de Rafael Catalán Calvo por el PRM y por sobre los deseos del gobernador Berber, en las elecciones de mayo de 1941 y que lo llevaron al poder el 1 de julio de ese año como gobernador de Guerrero, dando lugar así a la completa subordinación de los poderes locales a las disposiciones del Ejecutivo federal. Catalán Calvo fue el sexto gobernador electo constitucionalmente desde el triunfo de la revolución. Con excepción de Rodolfo Neri, quien permaneció en el cargo hasta entregar la gubernatura a su sucesor Héctor F. López, y el controvertido caso de Adrián Castrejón, ninguno de los antecesores de Catalán Calvo había concluido su periodo y todos ellos afrontaron serias crisis políticas. El periodo de Catalán Calvo habría de coincidir con el auge de la agricultura comercial en México después de 1940 y con el inicio de la industrialización, ambas situaciones favorecidas por la Segunda Guerra Mundial.

No obstante, Catalán Calvo habría de reconocer que la función política del gobierno del estado era "débil y desconcertada" como consecuencia de la carencia de programas y de las circunstancias políticas nacionales, por lo que el gobernador no era sino "una autoridad sujeta a otras voluntades". Su reconocimiento al carácter contingente del gobernador del

---

[3] Ian Jacobs, *La Revolución mexicana en Guerrero. Una revuelta de los rancheros,* Era, México, 1990, pp. 164-165.

estado frente a los problemas sociales y al régimen político, lo conducía, sin embargo, a una conclusión paradójica solamente explicable porque su propia designación había sido decidida bajo las reglas que desde el centro se habían impuesto a los distintos estados. El gobernador Catalán Calvo invocaba, en última instancia, su apego y subordinación al Partido revolucionario:

> En tales condiciones, lo primero que se ocurre es recobrar la necesaria autonomía para desarrollar una política que satisfaga las necesidades regionales y para ello no hay como recurrir a la vigorización de una verdadera organización política del Estado de Guerrero, filial del Partido Revolucionario Nacional.[4]

A partir de ese momento, el acceso a la gubernatura del estado solamente habría de ser posible a quien, practicando escrupulosamente las nuevas reglas del régimen político, fuera además capaz de propiciar ciertos arreglos entre los grupos ligados al poder local. Durante la década de los años cuarenta y cincuenta, como consecuencia de la situación internacional y del crecimiento económico de México a partir de 1940, también se modificó la situación socioeconómica del estado, sobre todo en el caso de la costa.

Es en estos años cuando Acapulco se transformaba en un centro turístico de importancia por las inversiones del gobierno de Miguel Alemán (1946-1952). En el mismo periodo, se otorgaron y ampliaron grandes explotaciones forestales a empresas como Maderas Papanoa y Chapas y Triplay S. A., entre otras. También en estos años se impulsaron las huertas de copra y de café que sustituyeron los sembradíos de ajonjolí en la costa guerrerense.

Sin embargo, en el ámbito político la nueva estructura de poder dio lugar a la manipulación, sobre todo de los campesinos

---

[4] Rafael Catalán Calvo, *Problemas de Guerrero*, 3ª. ed., Gobierno del Estado/Instituto Guerrerense de la Cultura, México, 1986, p. 48.

como votantes cautivos, al regateo por las cuotas de poder y al control patrimonial de las organizaciones y sus recursos. En estos años se produjo, además, el declive del agrarismo y el despojo de los campesinos: "El General Juan Valdés, tío del ex presidente Alemán, se ha quedado con las tierras de la Cooperativa de Cacalutla, según se afirma en Acapulco".[5] Lo anterior hace decir a Manuel Gill: "¡Trágico destino el de Acapulco! Primero en poder de los gachupines, ahora en las manos de los políticos 'revolucionarios'".

Con todo, se trató también de dos periodos de relativa estabilidad de los poderes locales, como ocurrió con los periodos de los gobernadores Rafael Catalán Calvo y el general Baltasar R. Leyva Mancilla, comprendidos del 1 de julio de 1941 al 31 de marzo de 1951.[6] No obstante, por la pugna con los poderes centrales tampoco terminó su periodo el gobernador siguiente, Alejandro Gómez Maganda (1 de abril de 1951-20 de mayo de 1954), quien fue sustituido el 21 de mayo de 1954 por el ingeniero Darío L. Arrieta Mateos y a quien le sucedió el general Raúl Caballero Aburto (1 de abril de 1957-4 de enero de 1961), transición que representó, en la etapa reciente, la situación más trágica en el estado como consecuencia del descontento social que se produce por las estructuras de un poder autoritario y, en el caso de Caballero Aburto, abiertamente represivas, como se manifestó a lo largo de su gestión y con los decretos que promulgó al final de su régimen contra la difusión de ideas, la rebelión y la sedición y otros desórdenes públicos.[7]

En efecto, no obstante sus proclamas iniciales de acuerdo con la ideología oficial, el general Caballero Aburto reafirmó las

---

[5] Manuel Gill, "Los Escudero, de Acapulco", en *Actores políticos y desajustes sociales*, Romana Falcón (sel.), El Colegio de México, México, 1992, p. 225.

[6] Baltasar R. Leyva Mancilla fue el primer gobernador que cubrió un periodo de seis años, del 1 de abril de 1945 al 31 de marzo de 1951.

[7] *Cfr. Periódico Oficial del Gobierno del estado de Guerrero* del 21 de diciembre de 1960.

medidas autoritarias del poder y dio lugar a una etapa de represión social que terminó trágicamente en diciembre de 1960 con la insurgencia cívica y estudiantil, en varias poblaciones del estado, frente a sus prácticas políticas. La centralización del poder y el nepotismo, rasgos inherentes al régimen político en su conjunto, contribuyeron al desgaste final de su gobierno. Por lo anterior fue relevado el 5 de enero de 1961 por el licenciado Arturo Martínez Adame. Terminó también su mandato el gobernador siguiente, Raymundo Abarca Alarcón (1 de abril de 1963-31 de marzo de 1969), aunque durante su administración se suscitaron graves problemas políticos: en Acapulco fue asesinado por policías estatales el líder de colonos Alfredo López Cisneros; en ese lugar se produjo también una violenta represión a los integrantes de la Unión Regional de Productores de Copra —que demandaban rebajar el impuesto a la copra y el desconocimiento de los líderes oficialistas de su organización—, con un saldo de 82 copreros muertos, 140 heridos y varios desaparecidos, y se encarceló en Iguala a Genaro Vázquez Rojas, líder de la Asociación Cívica Guerrerense (ACG), así como a José María Suárez Téllez, candidato opositor a la gubernatura del estado.

No terminaron tampoco su periodo los dos siguientes gobernadores: el profesor Caritino Maldonado Pérez debido a un accidente en el que murió y fue relevado por Israel Nogueda Otero el 18 de abril de 1971, gobernador sustituto que tampoco terminó por diferencias políticas con el gobernador electo para el periodo siguiente, ingeniero Rubén Figueroa Figueroa. Por esta razón, Javier Olea Muñoz, antiguo procurador durante el régimen de Raúl Caballero Aburto, cubrió un breve interinato entre febrero de 1975 y el 31 de marzo del mismo año.

Además del ingeniero Rubén Figueroa Figueroa (1 de abril de 1975-31 de marzo de 1981), terminaron su periodo el licenciado Alejandro Cervantes Delgado (1 de abril de 1981-31 de marzo de 1987) y el licenciado José Francisco Ruiz Massieu (1 de abril de 1987-31 de marzo de 1993), pero igualmente fue relevado de la gubernatura Rubén Figueroa Alcocer el 12 de marzo de 1996 a causa de la muerte de 17 campesinos provocada por la policía del estado en Aguas Blancas, municipio de Coyuca de Benítez, el 28 de junio de 1995. Se trata, no obstante, de una manifestación más de lo que ha sido común en la estructura del poder local: el recurso a la violencia del gobierno frente a las demandas sociales, con lo que no solamente no se resuelven los problemas de la entidad, sino que se contribuye a agudizarlos en un marco de violencia generalizada y de desapego al Estado de derecho.

Aquí cabe señalar que si bien el retorno político de los Figueroa a la gubernatura del estado en 1975 con Rubén Figueroa Figueroa fue posible, como dice Ian Jacobs, porque habían abandonado "el papel de caciques autónomos locales y se aprendieron las reglas del proceso político del nuevo México",[8] en el caso de su hijo, Rubén Figueroa Alcocer, fue precisamente el agotamiento de esa estructura de poder y las prácticas políticas a que dieron lugar esas reglas lo que complicó su propia administración hasta generar una crisis que lo obligó a abandonar el poder.

En efecto, Figueroa Alcocer fue relevado por quien fungió hasta esa fecha como dirigente estatal del PRI, Ángel Aguirre Rivero. Las reglas del régimen político mexicano dieron lugar a que quien llegara a la gubernatura interinamente fuera aquel político local que más abiertamente había expresado su apoyo al mandatario estatal, pues Aguirre Rivero, en su condición de dirigente estatal del PRI, encabezó dos días antes de la renuncia de Figueroa marchas priístas en Acapulco y Chilpancingo en apoyo del todavía gobernador.

En este caso no se recurrió al Senado para declarar la desaparición de poderes en la entidad. Sin embargo, también prevaleció la voluntad del Ejecutivo al respecto a través de la Secretaría de Gobernación. Fue en esa dependencia donde se

---

[8] Ian Jacobs, *op. cit.*, p. 169.

habría negociado la renuncia de Figueroa Alcocer, así como las condiciones de su relevo. El secretario general de Gobierno durante los últimos meses de la administración de Rubén Figueroa Alcocer, Zótico García Pastrana —quien fungió también como coordinador del Congreso local—, aseguró que el gobernador "negoció su salida con Emilio Chuayffet —secretario de Gobernación— y propuso como su sustituto a Ángel Aguirre Rivero". "Él [Figueroa] sabía que la situación era insostenible y que en cualquier momento la Secretaría de Gobernación le pediría su renuncia, que en caso de que se negara a hacerlo el presidente Zedillo iba a solicitar al Congreso de la Unión que declarara la desaparición de poderes en Guerrero",[9] afirmó García Pastrana a un grupo de periodistas el 11 de noviembre, días antes de concluir su periodo como diputado local.

Aun cuando instituciones como la Comisión Nacional de Derechos Humanos, la Suprema Corte de Justicia y la Procuraduría Especial para el caso Aguas Blancas realizaron investigaciones sobre estos hechos de violencia, ha prevalecido otro de los rasgos del régimen: la impunidad como consecuencia de la inexistencia de un Estado de derecho, puesto que el resultado de dichas investigaciones no ha demostrado verdadera responsabilidad de las autoridades estatales y quienes sí han sido consignados, o han negado su participación en la masacre, o bien han declarado haber aceptado su procesamiento judicial a cambio de ciertos beneficios.[10]

Puede decirse, en suma, que lo que prevaleció en la política local fue la disputa de los distintos grupos por acceder al poder y beneficiarse con él. A ello contribuyó la inexistencia de poderes públicos que obraran conforme a derecho y respondieran en su estructura y fines a lo dispuesto por la Constitución. Pero aunado a lo anterior, y en el marco del funcionamiento del régimen político, las destituciones de gobernador tienen su origen en las pugnas por el poder entre los grupos locales y en

---

[9] *Reforma*, 12 de noviembre de 1996.
[10] Tal y como ha sucedido también con hechos de violencia más recientes.

las circunstancias y apoyo que encuentran en el "oficialismo revolucionario".

También en este sentido se hace prevalecer la voluntad presidencial. Teresa Estrada lo hace notar de la siguiente manera: "Los casos de declaratoria de desaparición de poderes en Guerrero revelan la mediación del Senado como instrumento de la voluntad presidencial; muchas veces por encima de esa misma norma, así como un marcado intervencionismo federal en la soberanía estatal".[11]

De esta manera, las sucesivas intervenciones de los poderes federales en la desaparición de los mismos en la entidad no solamente no se ajustan a un Estado de derecho, sino que tampoco tienen como propósito el de preservar poderes políticos constitucionales abocados al cumplimiento de las normas establecidas, puesto que la desaparición de poderes obedece, más bien, al interés de someter a los poderes públicos locales a los dictados del Ejecutivo. La inestabilidad política de los gobiernos guerrerenses ha obedecido así, sobre todo, a la carencia de legitimidad constitucional de esos gobiernos y a las pugnas por el poder local y nacional con el concurso de mecanismos de poder informales que han contribuido a fortalecer un sistema político presidencialista en detrimento de poderes públicos autónomos y atentos a la demanda social.

---

[11] Alba Teresa Estrada Castañón, *El movimiento anticaballerista: Guerrero 1960, crónica de un conflicto*, tesis, FCPYS/UNAM, México, 1986, p. 47.

El caso guerrerense: ¿anomalía o realidad del régimen político mexicano?

No es el uso del poder o el hábito de la obediencia
lo que deprava a los hombres, sino el desempeño
de un poder que se considera ilegítimo, y la obediencia
al mismo si se estima usurpado u opresor.
Alexis de Tocqueville, *La democracia en América*

Después de destacar dos de los aspectos característicos de la forma en que operan los poderes políticos en el estado de Guerrero, nos referimos a la inestabilidad de los mismos y a su desapego a las leyes, conviene preguntarse en qué medida estos rasgos son el resultado del carácter y condiciones impuestas por el régimen político mexicano a nivel local, así como la relación que existe entre los procedimientos de la estructura del poder y la forma en que estas prácticas están vinculadas al atraso, tema que habremos de desarrollar en la segunda parte.

La clave para explicar la forma en que operó el régimen político, tanto a nivel nacional como a nivel local, se encuentra, desde nuestro punto de vista, en el carácter primero federativo del PNR y después corporativo del sistema. Al respecto conviene recordar que la Constitución de 1917 surgió como un documento de cierta radicalidad, sobre todo por lo que se refiere a los artículos 3, 27 y 123, en los que se reconoce el rezago educativo y el atraso social y económico de la gran masa de la población campesina y de los obreros, lo que justificó el contenido social de la Constitución, puesto que esos artículos que trataban la reforma agraria, los derechos obreros y la educación bajo un criterio de democracia que incluso se definió como "sistema de vida fundado en el constante mejoramiento económico, social y cultural del pueblo",[1] hacían explícito el compromiso de la revolución con la atención a los grandes problemas del país. Habría que subrayar que en medio de las

---

[1] *Constitución Política de los Estados Unidos Mexicanos*, art. 3, edición de 1994 (Secretaría de Gobernación/UNAM, p. 4).

contradicciones de los intereses sociales representados en la revolución, el nuevo régimen se comprometía con el desarrollo educativo, social, económico y cultural como condición de su propia legitimidad.

Sin embargo, las estructuras de poder informal que terminaron por prevalecer, así como el carácter corporativo y jerárquico del sistema político, pronto habrían de desvirtuar los postulados sociales del régimen en función de un desarrollo económico acelerado y concentrador del ingreso. En este caso, el corporativismo resultó eficaz no para resolver las demandas sociales de la población, sino precisamente para moderarlas y bloquear la formación de fuerzas políticas independientes. El régimen mexicano se habría de enfrentar así a lo que ha sido su gran dilema: el carácter excluyente de la expansión económica y el desarrollo desigual de las regiones han puesto en cuestión los logros sociales del gobierno que, por lo demás, constituían la justificación del corporativismo y de la alianza social en que se apoyaba, habiéndose consolidado durante el gobierno de Cárdenas.

En efecto, los postulados sociales de la revolución y la movilización campesina y de los trabajadores que dieron lugar a la viabilidad del Estado, así como a la satisfacción de ciertas demandas populares, propiciaron una alianza entre los trabajadores y el Estado que se afirmó a través de un mecanismo político corporativo de control vertical. El resultado de ello fue que mientras se ampliaba la base económica del país en las condiciones de un desarrollo económico desigual conforme a las distintas actividades económicas, por otra parte la incorporación de las distintas fuerzas sociales a la acción del gobierno impidió la construcción de un orden político fundado en el pluralismo.

Más tarde, la estructura por sectores del partido de Estado frenó el movimiento social o bien lo redujo drásticamente. Todo ello en función de los requerimientos de la burocracia estatal. No obstante, la clave del funcionamiento del régimen político se encuentra en el corporativismo, porque este permitió que los distintos grupos sociales organizados bajo la tutela del Estado se convirtieran, en realidad, en extensiones del mismo, dando lugar así a nuestra peculiar estructura de poder.

Tal situación determinó que las demandas sociales fuesen recogidas y procesadas por las instituciones gubernamentales no en función de las carencias y necesidades reales, sino sobre todo por la presencia efectiva que las distintas organizaciones nacionales y locales alcanzaban dentro de esta estructura de poder. Ello explica que en situaciones como las de Guerrero, con un marcado atraso, las condiciones para impulsar esas organizaciones fueran realmente limitadas y, como se puso de manifiesto desde un principio, prácticamente se reducían al ámbito campesino, además de que la debilidad de las mismas afirmó su condición de meras extensiones del poder político local y nacional.

Para mostrar la manera en que lo anterior se presentó en Guerrero conviene volver a lo ocurrido con los gobiernos de Adrián Castrejón y Gabriel R. Guevara, es decir, conviene tener presente el maximato de Plutarco Elías Calles y el gobierno de Lázaro Cárdenas, pues son estos los años que parecen ser decisivos en la conformación de las prácticas del poder en México.

En efecto, es entre 1929 y 1940 cuando se consolidó una estructura del poder y un ejercicio del mismo de carácter plenamente centralista y donde privó la voluntad del Ejecutivo a través de la eficacia con que se desempeñaron, sobre todo, el PNR primero, y el PRM después, como partidos dependientes, primero de la voluntad del "Jefe Máximo" y, posteriormente, del presidente en turno. Esta situación se reproduce en las estructuras políticas locales.

Al respecto, y como lo señalamos, el asesinato de Álvaro Obregón llevó a Calles a buscar una salida de carácter institucional, pero que al mismo tiempo le permitiera mantener el control de la política nacional. Bajo estas circunstancias Calles concibió la necesidad de un organismo político que fungiera de acuerdo con los requerimientos del oficialismo revolucionario. En sentido estricto, se trataba de revestir de una cierta forma institucional la voluntad política del "Jefe México" y de constreñir las prácticas del poder en México a esa estructura de poder. El ejercicio de la política fuera del PNR, del PRM y del PRI, fue imposibilitado por el propio Estado.

Rafael Loyola Díaz recogió en su libro *La crisis Obregón-Calles y el Estado mexicano* los motivos expuestos por Emilio Portes Gil para la creación de ese organismo político del régimen, destacando al respecto la necesidad de una organización que integrara a los "dispersos elementos revolucionarios y disciplinara debidamente a las tendencias dislocadas de los grupos regionales", con el propósito de "trazar los cauces del progreso de la nación".[2] En suma, se necesitaba un partido que diera lugar a la organización del oficialismo revolucionario, así como al desarrollo de la nación. Todo ello, por supuesto, bajo la égida de Calles. Lo decisivo es que se accedía así a un arreglo aparentemente institucional para hacer valer la voluntad de quien bajo esas condiciones se había convertido en el hombre fuerte del poder en México: Plutarco Elías Calles.

Es en ese sentido que el PNR respondió a la necesidad de ampliar el poder político del "Jefe Máximo" a todos los ámbitos del país, de allí su carácter federativo. Por lo demás, la estructura corporativa reforzó tal poder, en manos del Presidente después de 1938 con el PRM. Por ello, en sentido estricto no se trató de establecer un partido político, en el sentido democrático-liberal del término que diera lugar a una competencia abierta por el poder, sino más bien se buscó crear una organización como sustento del régimen mexicano para asegurar el control político de la nación.

Podemos decir, así, que con el PNR se buscaba constituir un frente que integrara a los cientos de grupos revolucionarios que se manifestaban en el país bajo un mando único a cuyas decisiones todos se sometieran. Lo anterior como resultado del

---

[2] Emilio Portes Gil, *Autobiografía de la Revolución mexicana*, citado por Rafael Loyola Díaz en *La crisis Obregón-Calles y el Estado Mexicano*, Siglo XXI, México, 1980, p. 123.

pragmatismo político de Calles a fin de hacer valer sus propósitos tanto en el ámbito de esos grupos, como por extensión en la sociedad.

Por lo que se refiere al papel que cumplieron las organizaciones impulsadas por el gobernador Adrián Castrejón en el contexto de esa nueva estructura del poder en México, cabe decir que tanto el Partido Socialista de Guerrero como la Liga de Comunidades y Sindicatos Campesinos del Estado de Guerrero habrían de cumplir con el objetivo primordial del PNR, por lo demás formulado en el momento mismo de su constitución el 4 de marzo de 1929: ganar las elecciones presidenciales de noviembre de ese año en favor de Pascual Ortiz Rubio.

Así, Adrián Castrejón en su primer informe de gobierno del 1 de diciembre de 1929 y de conformidad con lo dispuesto por el gobierno de Emilio Portes Gil, a la vez que instrumentaba medidas represivas pretendió dar la imagen de neutralidad en el proceso electoral, invocando incluso una supuesta actitud democrática al afirmar que "el Ejecutivo a mi cargo giró una circular a todos los presidentes municipales recomendándoles que en lo absoluto se abstuvieran de interponer su influencia [el gobernador Castrejón seguramente quería decir lo contrario] en pro o en contra de determinada candidatura". Castrejón afirmaba, unas líneas antes, que las elecciones para presidente de la República "se verificaron sin que se registraran choques sangrientos, con excepción de la ciudad de Iguala, en la que los vasconcelistas, dieron la nota salvaje y antidemocrática del asalto a tres casillas, habiendo sido lesionado con tal motivo un representante del Partido Socialista del Estado".[3]

En esas condiciones, el Partido Socialista de Guerrero y la Liga de Comunidades y Sindicatos Campesinos del estado cumplieron plenamente su papel como parte de la nueva maquinaria política impuesta por el régimen, como lo demuestran las cifras expuestas por Ian Jacobs al respecto. De acuerdo con estas, en

---

[3] "Informe de gobierno de diciembre de 1929", *Periódico Oficial del Gobierno del estado de Guerrero,* Chilpancingo, Guerrero, p. 2.

las elecciones presidenciales de noviembre de 1929 Pascual Ortiz Rubio habría obtenido en la entidad 40 855 votos frente a 216 para José Vasconcelos y para el candidato comunista Pedro Rodríguez Triana,[4] cifras realmente increíbles como las que se dieron a nivel nacional: 1 947 848 votos para Ortiz Rubio, 110 979 para Vasconcelos y 23 279 para Rodríguez Triana.[5]

La consolidación de esa maquinaria política tanto a nivel nacional como local para asegurar el control político del país explica, también, que Gabriel R. Guevara, quien sucedió a Adrián Castrejón con intereses latifundistas abiertamente opuestos a este último, proclamara que "no se propugne por la irrisoria igualdad política, que ha sido el opio con que se han adormecido a las masas trabajadoras, sino que su acción se dirija hacia la conquista de la igualdad económica".[6] Tal afirmación, de un carácter puramente declarativo, solamente puede explicarse en correspondencia a la sumisión política e ideológica impuesta desde el proyecto y realización de un organismo dócil a los dictados del "Jefe Máximo". En realidad, el atraso económico del estado y la debilidad organizativa de los campesinos exacerbaron las estructuras del poder jerárquicas y centralistas y convirtieron a los campesinos en la base electoral del régimen a nivel local. De allí la inadecuación entre la ideología oficial y el ejercicio real del poder.

---

[4] Ian Jacobs, *La Revolución mexicana en Guerrero. Una revuelta de los rancheros*, Era, México, 1990, p. 160.

[5] Banamex, *México social*, México, 1992-1993, p. 349.

[6] "Informe de gobierno del 1 de marzo de 1934", *Periódico Oficial del Gobierno del estado de Guerrero*, Chilpancingo, Guerrero, 4 de abril de 1934, p. 2.

Caciquismo, centralismo
y el autoritarismo del régimen

Si bien para autores como Samuel Huntington el gran logro de la Revolución mexicana fue preparar el camino para el desarrollo político y la modernización política del país, sobre todo por "la capacidad del nuevo sistema para combinar la centralización del poder con la expansión del mismo y una más amplia participación de los grupos sociales en el sistema político",[1] en realidad la estructura política que surgió después de la revolución tenía una notable semejanza con la que imperó bajo el régimen de Porfirio Díaz por su carácter centralista y jerárquico.

En efecto, en el orden político surgió de nuevo

> ...un sistema caracterizado por el personalismo y la afluencia ascendente de las lealtades, lo que limita severamente la capacidad y/o la dedicación de parte del político mexicano para representar los intereses de sus supuestos electores, ya sean de carácter geográfico o de sector. Dentro del PRI se hacen desde arriba las selecciones para casi todos los puestos electivos y no electivos; dentro de los sectores del partido la Coalición Revolucionaria también escoge a los dirigentes obreros y campesinos que han de ascender entre las filas del partido. Los que son admitidos reciben de arriba sus órdenes, ya que sus posibilidades de progreso dependen más de las selecciones hechas desde arriba que del apoyo que reciben de abajo.[2]

---

[1] Samuel Huntington, *El orden político en las sociedades en cambio*, Paidós, Buenos Aires, 1990, pp. 278-286.

[2] Roger D. Hansen, *La política del desarrollo mexicano*, 2ª. ed., Siglo XXI, México, 1993, pp. 217-218.

Esta relación de lealtades como soporte del control político vertical y recurso para hacer una carrera política en función de los intereses y prioridades del poder central, concretamente del presidente de la República, dio lugar también a un poder político local irresponsable frente a los intereses de los ciudadanos y a una práctica del poder ajena a los retos y necesidades sociales. En este sentido, el intermediarismo político que se ejerce manipulando las necesidades de la población en función de relaciones personales con los poderes locales y nacionales, ha resultado funcional al régimen político. Se trata de un poder peculiar y *de facto* que se adquiere no a través de medios institucionales y legales, sino al margen de ellos, de allí el carácter arbitrario con que se ejerce. Esta forma de intermediación y control político resultó funcional al régimen en la medida en que en la consolidación del mismo se privilegió el control político de la nación. Es a este fenómeno del poder al que nos hemos referido en los términos de "caciquismo político" y que se encuentra presente en los distintos niveles de la estructura de poder local. A lo anterior hay que sumar el carácter corporativo de dicho régimen por lo que las demandas imperantes se diluyen en el marco de esa estructura de mediación. Por ello su ejercicio se ha convertido en un obstáculo para el desarrollo, sobre todo en las entidades más atrasadas pues, en sentido estricto, los funcionarios del gobierno no representan los intereses de los gobernados sino los intereses del propio régimen.

Un examen de la estructura y el funcionamiento del PRI y de sus dirigentes es revelador no solamente del carácter y contenidos del sistema político en su conjunto, sino del papel específico del mismo a nivel local. De esta manera, frente a la ausencia de una efectiva institucionalización del poder conforme a la Constitución, los jefes de la revolución se convirtieron en caudillos locales y los estados en espacios otorgados por el gobierno federal a políticos leales al mismo y no en entidades políticas con autonomía para gestionar las demandas de su población. Cuando los jefes de la revolución no controlaban directamente las gubernaturas, como ocurrió con Rómulo Figueroa en Guerrero, lo hacían personajes muy cercanos a ellos mismos, en este caso Francisco Figueroa, hermano de Rómulo y quien tomó posesión como gobernador por segunda ocasión en enero de 1919, como veremos posteriormente.

Después de la revolución y en el proceso de consolidación del sistema presidencialista y de partido de Estado, debe destacarse que la política local fue cada vez más controlada por los políticos civiles promovidos por el centro. Las pugnas por el poder se redujeron así a la lucha entre las distintas facciones representadas por los gobernadores y los caciques políticos de la entidad que hicieron valer a su vez los intereses del régimen a nivel local en tanto gestores del mismo, dejando al margen de la política a nuevos actores que ofrecieran alternativas para el desarrollo social.

El Ejecutivo federal consolidó cada vez más su condición de mediador entre los grupos de poder locales. Así, a los revolucionarios civiles del estado como Rodolfo Neri, Eduardo Neri, Miguel F. Ortega, Ezequiel Padilla o bien José Inocente Lugo, habrían de sucederlos políticos formados ya dentro de las prácticas y reglas del régimen, puesto que, como dijimos, después de la imposición de Rafael Catalán Calvo por el PRM sobre los deseos del gobernador Alberto F. Berber, en las elecciones de mayo de 1941, el acceso a la gubernatura del estado solamente habría de ser posible a quien, practicando escrupulosamente las nuevas reglas del régimen político, fuera además capaz de propiciar ciertos arreglos entre los grupos ligados al poder local y federal.

De esta manera, Alejandro Gómez Maganda, quien obtuvo una diputación en las elecciones de 1934 siendo gobernador Gabriel R. Guevara, inició su periodo en 1951. Después de ser impuesto por Miguel Alemán a la gubernatura del estado se decretó la desaparición de poderes durante la presidencia de Adolfo Ruiz Cortines el 20 de mayo de 1954. Raymundo Abarca Alarcón, gobernador durante la presidencia de Adolfo López

Mateos, contó con el apoyo de Donato Miranda Fonseca, secretario de la Presidencia y también guerrerense, para acceder a la gubernatura. Caritino Maldonado Pérez, con el apoyo del senador y ex gobernador Baltazar R. Leyva Mancilla (quien con el gobernador Berber formó parte del grupo de Eduardo Neri), fue nombrado candidato del PRI y electo gobernador para el periodo de 1969 a 1975. A la muerte de Maldonado Pérez, el 17 de abril de 1972, fue nombrado gobernador sustituto Israel Nogueda Otero bajo la influencia del alemanismo y del sector privado. Rubén Figueroa Figueroa, Alejandro Cervantes Delgado, José Francisco Ruiz Massieu y Rubén Figueroa Alcocer accedieron a la gubernatura del estado por decisión del Ejecutivo Federal.

La consolidación del sistema político mexicano significó, entonces, el establecimiento de una estructura informal del poder en la que privaron las lealtades a los poderes centrales y relaciones personales, haciendo a un lado cada vez más los contenidos de la Constitución. En efecto, en 1917 los artículos que trataban la reforma agraria, los derechos de los trabajadores y la adhesión a una cierta justicia social, resultaban de un contenido excepcional. Sin embargo, tales preocupaciones por dar una mejor vida al campesino y al obrero mexicanos fueron sustituidas por los intereses de los caciques políticos locales de controlar la política de su región en función de las expectativas y directrices del poder central.

Si bien Porfirio Díaz logró establecer la primera semblanza de un Estado nacional en México, como dice Ian Jacobs, en Guerrero, donde prevalecía el atraso y la pobreza, el llamado "milagro económico porfirista" solo tuvo efectos mínimos y esto se consiguió a costa de una fuerte restricción a la participación de grupos locales en la política del estado.[3] En pocas palabras, dice también Jacobs, el milagro económico porfirista tuvo una modesta repercusión en Guerrero.

---

[3] Ian Jacobs, *La Revolución mexicana en Guerrero. Una revuelta de los rancheros*, Era, México, 1990, p. 105.

Allí donde se dejó sentir su influencia, ésta fue parcial y circunscrita (en la ciudad de Iguala, las tierras azucareras en torno a Cocula o las minas de Huitzuco), y la parte mayoritaria del estado apenas si pudo haber tenido una tenue conciencia de los espectaculares cambios que destruyeron las raíces mismas de la sociedad tradicional en el vecino Morelos.[4]

Las estructuras de poder que surgieron con la revolución no hicieron sino inmovilizar tal atraso al imponer un control sobre la movilización campesina y consolidar la acción recíproca entre los gestores locales del poder y el gobierno central. Incluso con el ex zapatista Adrián Castrejón, como vimos, el agrarismo se convirtió tanto en un instrumento de reforma social, como de manipulación de los campesinos.

En este sentido, la subordinación y organización clientelar de los campesinos a las estructuras del poder local se ha convertido en uno de los obstáculos decisivos para el desarrollo. En Guerrero, dice Ian Jacobs, fue muy claro el vínculo entre reforma agraria y control político. El reparto de tierras no fue un mero asunto de reforma social: también sirvió para atar al nuevo régimen revolucionario una nueva clientela, es decir, a los agraristas o ejidatarios.

Por ello, para Roger Bartra la historia de la Revolución mexicana es en cierta forma la historia de las luchas y las alianzas entre la burguesía y el campesinado, que transcurre en medio de las contradicciones entre un campesinado impotente políticamente y un sector de la burguesía que no acababa de encontrar una nueva y diferente alternativa política a la de la burguesía terrateniente porfirista. De esta manera, el bloque de clases y el pacto reformista que logró Lázaro Cárdenas, 20 años después de terminada la revolución, constituyen la solución política de esas contradicciones y el punto de partida del actual sistema mexicano.

---

[4] *Ibid.*, p. 63.

De acuerdo con esta interpretación, los cacicazgos como estructuras de mediación política y económica tienen su origen en

> ...la consolidación del partido oficial realizada por Calles y en la institucionalización de la participación popular y campesina en el Estado, asegurada por Cárdenas. Las masas populares rurales pierden muy pronto esta participación en el poder, la cual deviene en un sistema burocratizado que capta en cierta medida el apoyo (forzado o espontáneo) de las clases pobres y manipula la situación en función de las necesidades e intereses de las clases en el poder. El alto grado de institucionalización (legal e informalmente) alcanzado por esta estructura de mediación explica en buena medida la famosa estabilidad del sistema político mexicano.[5]

La clave de esta estructura de intermediación que se impone también en Guerrero con sus propias peculiaridades consiste en que permite, pero sobre todo manipula, la participación popular campesina, concentrando de manera efectiva el poder político en los caciques, como ocurrió incluso durante la fase armada de la revolución en Guerrero entre 1911 y 1919, aspecto que habremos de considerar posteriormente. Por esta razón, Bartra también sostiene que en su origen "todo sistema de cacicazgos implica una estructura de mediación en la que el cacique consigue el poder mediante el apoyo que logra de la comunidad a la que representa; pero el poder que le otorga la comunidad es ejercido de acuerdo a intereses ajenos a ésta".[6]

De esta manera la concentración del poder político local en reducidos grupos, y la marginación de la gran masa de la población campesina, constituyen también los rasgos principales de la estructura política de Guerrero. La política queda reducida, así, a la negociación estrecha de pequeños grupos

---

[5] Roger Bartra, "Campesinado y poder político en México", en *Caciquismo y poder político en el México rural*, Siglo XXI, México, 1975, p. 27.
[6] *Ibid.*, p. 29.

...jefaturados generalmente por caciques en cuyas manos, no pocas veces ensangrentadas, estaban los resortes del manipuleo ciudadano. El cacique lo era porque poseía los recursos materiales de los que, en gran parte, dependía la sobrevivencia empobrecida de las masas: el agio, el transporte, la tierra, las semillas, el agua de riego... Su predominio derivaba de los nexos con personajes poderosos avecindados en la ciudad de México; algunos con un cargo público importante de nivel ministerial; otros, vinculados a alguna de las ramificaciones políticas del centro.[7]

Para los años cincuenta y sesenta el caciquismo, protagonizado por políticos plenamente subordinados al régimen, se asentó firmemente en el estado de Guerrero. A ello se sumaron prácticas informales del poder que desvirtúan la estructura política municipal, así como su capacidad de gestión social. En efecto, como lo destaca Moisés Ochoa Campos, la dependencia de los ayuntamientos respecto al gobierno del estado es ya una situación consolidada "y lo es al grado de que, cuando un cuerpo edilicio deja de ser grato a las autoridades estatales, inmediatamente es disuelto y reemplazado por un consejo o junta municipal", con lo que se reproduce así el mismo mecanismo que opera a nivel federal con las gubernaturas.

Ochoa Campos reconoce en lo anterior que "el vicio de origen viene del propio sistema de elección de los ayuntamientos, ya que en vez de propiciar una genuina expresión de la voluntad ciudadana, deja esta función a merced de los intereses de las esferas oficiales del Estado".[8] Así pues, lo que opera al respecto es una red de alianzas que contribuyen a la consolidación de una estructura del poder que si bien constituye un recurso para el mantenimiento y monopolio del mismo, resulta ajena a la demanda ciudadana y a la Constitución del país. Por ello, Ochoa

---

[7] Vicente Fuentes Díaz, "Del caciquismo al pluripartidismo", en *La transición democrática en Guerrero*, t. I, Diana, México, 1992, pp. 13-14.

[8] Moisés Ochoa Campos, *Guerrero: análisis de un estado problema*, Trillas, México, 1964, p. 35.

Campos concluye señalando que "un cuerpo edilicio emanado de la voluntad de las esferas oficiales del Estado, tiene que ser, sin duda, un simple agente de centralización". Agrega, además, que "con esta viciosa práctica, se nulifica la verdadera significación que, para el régimen democrático tiene el municipio como escuela de civismo y de ejercicio ciudadano".[9]

En esas condiciones, Ochoa Campos sostiene que el caciquismo en Guerrero es propiciado por el centralismo, puesto que por la carencia de una moderna y eficaz organización administrativa —y podría agregarse ajustada a derecho y a la demanda ciudadana— el gobierno termina alentando o bien fortaleciendo la existencia de caciquismos como formas de poder que, si bien contravienen las normas constitucionales, permiten asegurar el control político del estado. Ello, no obstante, en contraposición con lo establecido explícitamente por la Constitución del país: "Los Estados adoptarán, para su régimen interior, la forma de gobierno republicano, representativo, popular, teniendo como base de su división territorial y de su organización política y administrativa, el Municipio Libre..." (artículo 115).[10]

Debe señalarse al respecto que con la marginación política a que da lugar la anulación de los ayuntamientos como instancias del poder público local, se produce también la marginación social. Lo anterior se puede mostrar con las condiciones económicas que privan en los municipios guerrerenses. De allí la relevancia del estudio de Ochoa Campos en *Guerrero: análisis de un estado problema*, pues él destacó que la distribución de los ingresos municipales en el estado ponía claramente de manifiesto la penuria económica de la gran mayoría de los mismos. En efecto, Ochoa Campos demostró en los años sesenta que solo un municipio, el de Acapulco, representaba casi 50% del total de los ingresos de los 75 municipios del estado.

---

⁹ *Idem.*
¹⁰ *Constitución Política de los Estados Unidos Mexicanos*, Secretaría de Gobernación/UNAM, México, 1994, p. 98.

Destaca que los 74 municipios guerrerenses, excluyendo el de Acapulco, percibían menos del 50% de los ingresos que les correspondían en función de la media del país. La situación sin embargo era mucho más grave, porque el mismo fenómeno que se presentaba con relación al municipio de Acapulco se presentaba también entre los municipios del Norte y del Centro de Guerrero con relación a los municipios de la Montaña, la región más pobre del estado.

Según datos del Instituto Nacional de Geografía, Estadística e Informática (INEGI), las cifras de los años ochenta nos mostrarían una situación semejante, puesto que entonces Acapulco recibió "el 41% de los ingresos brutos municipales, seguido por Chilpancingo (9%), José Azueta (7%), Iguala (5%) y Taxco (2.5%). En contraste, 65 municipios (87% del total) participaron con menos de 1% del total de ingresos brutos municipales en 1984".[11] Bajo tales condiciones de una penuria municipal extrema la viabilidad de los municipios como instancias del poder público local tiene que verse necesariamente anulada.

En cuanto al funcionamiento de esa estructura política, el éxito electoral del partido oficial estaba asegurado por la inequidad con que se llevaban a cabo los procesos electorales, organizados desde el régimen político. Lo anterior reforzó los vínculos que prevalecían con el poder central y las elecciones se convirtieron en una condición meramente formal para acceder al poder, lo que explica el monopolio electoral hasta 1977. El control del gobierno sobre los resultados electorales confirmó y reprodujo el carácter autoritario del régimen mexicano. Con ello, la atención a los intereses de quienes se decía representar pasó a ocupar un segundo término privilegiándose, en cambio, las relaciones que se lograban establecer a fin de convertirse en un "político institucional" sumiso al poder y capaz de hacer valer los intereses de quienes lo detentaban en última instancia. El modo de asegurar

---

[11] INEGI, *Guerrero. Cuaderno de información para la planeación*, México, 1990, p. 22.

una carrera política tenía como condición la lealtad y disciplina incondicional a esa estructura vertical de poder.

Decididas desde el centro, las gubernaturas dieron lugar a conflictos permanentes entre los grupos locales, ocupándose así para consolidar un poder personal y enriquecerse. Es esto último lo que mantiene la cohesión del grupo en el poder en los estados. De esta manera, las modalidades tradicionales del mismo volvieron a emerger, también, a nivel estatal. En realidad, el ejercicio discrecional del poder estaba permitido a quien ocupara el puesto a condición de mantener el control del estado y permanecer leal al régimen. Primero los caudillos militares y después los revolucionarios civiles monopolizaron la política local y, a partir de 1929, el PNR se convirtió en el foro dentro del cual se decidían los intereses en conflicto representados por esos grupos y caciques locales siempre en última instancia con la decisión del presidente.

Así, nuestro análisis sobre la estructura del poder en Guerrero ha buscado mostrar también ciertos rasgos inherentes al régimen político mexicano y la manera en que el mismo reprodujo en regiones y localidades del país formas de poder autoritarias. Por ello nuestro enfoque buscó sobre todo tener un carácter explicativo de la doble necesidad que ha tenido el régimen político mexicano de controlar los grupos sociales, pero de apoyarse en ellos para hacer valer sus propios fines, así como de las características que este mecanismo de poder tiene a nivel regional y local.

El modo de legitimación de la estructura del poder en Guerrero que se gestó en esas condiciones, como ocurrió en algunos otros lugares del país, lo constituyó el compromiso del gobierno estatal con los campesinos que, según afirmara Adrián Castrejón en su informe del 1 de septiembre de 1932, se habían convertido en el baluarte de las instituciones y el respaldo del gobierno. Como se recordará, en la precariedad social y económica y el aislamiento de Guerrero se produjo en los años veinte un cierto reformismo social, sobre todo en Acapulco y en la Costa

Grande. Tal hecho coincidió con el enfrentamiento entre el gobernador Rodolfo Neri y Rómulo Figueroa, lo que obligó al gobernador Neri a impulsar la demanda agraria para conseguir así apoyo para su gobierno. Con la llegada al poder de Adrián Castrejón es el propio gobernador quien se convirtió en el organizador político de la sociedad, por lo que constituyó al Partido Socialista de Guerrero (PSG) y a la Liga de Comunidades y Sindicatos Campesinos del Estado de Guerrero.

Lo que debe destacarse, con relación a este modo de legitimación, es que la prioridad del gobierno no es ajustar sus acciones a lo dispuesto por la Constitución, sino responder informalmente a las demandas de los campesinos dando lugar, a la vez, a su organización política. Ello como condición de legitimidad de sus propias acciones. Cuando el PSG y la Liga Campesina quedaron incorporados al partido oficial, las condiciones para satisfacer las demandas campesinas quedaron subordinadas a la estructura de intermediación inherente al partido oficial. El rasgo fundamental de esta estructura de intermediación es su carácter clientelar que permite, pero sobre todo manipula, la participación campesina, concentrando de manera efectiva el poder político en los caciques que se constituyen como los poderes *de facto* en función de la manera en que se manipulan las demandas. Es necesario agregar además, en cuanto al carácter del régimen mexicano, que el intermediarismo funciona también de manera excluyente, dando lugar así a privilegios corporativos y políticos que imposibilitan incluso la democracia política. Sin embargo, tal forma de intermediación resultó funcional al régimen en la medida en que en la consolidación del mismo se privilegió el control político del país.

Si bien el grado de organización legal e informalmente alcanzado por esta estructura de mediación explica la estabilidad del régimen político mexicano, también dio lugar en Guerrero al atraso por el control que se impuso a la movilización campesina, como veremos en la segunda parte. La subordinación y organización clientelar de los campesinos a las estructuras del poder local se convirtió en el obstáculo fundamental para el desarrollo económico de Guerrero. El compromiso de los gobiernos locales con los campesinos, al confirmar el carácter clientelista del régimen, dio lugar en realidad a relaciones de subordinación y sometimiento en el terreno social que paralizaron al campo guerrerense.

En suma, esta primera parte ha tenido como finalidad mostrar, en una perspectiva histórica, la forma en que se estableció y funcionó la estructura política local destacando en qué medida su peculiaridad obedeció a la manera en que la misma respondió al proceso de gestación y consolidación del régimen mexicano. En estas condiciones, como dijimos, el régimen que surgió y se estableció a partir de la Revolución mexicana tuvo que ver, sobre todo, con la creación del Partido Nacional Revolucionario que buscó afirmarse después como una alianza popular destinada a arbitrar la distribución pacífica de las cuotas de poder nacional y local. Pero tiene que ver, también, con la progresiva consolidación de un régimen sustentado en el supremo arbitraje presidencial, régimen que no solamente inhibió la competencia política para controlar la demanda social, sino que consolidó un tipo de estructura del poder, semejante al de la etapa porfirista, por la que el control de la sociedad se lleva a cabo primero a través de los caudillos y revolucionarios civiles y, después, a través de los caciques políticos. La disputa por el poder se limitó a estos grupos con la decisión última del presidente de la República.

No obstante que el régimen político corporativo subordinó a las fuerzas sociales de la nación en un partido único, el propio Estado en sus orígenes se vio obligado a atender, a través de sus programas y organizaciones, los reclamos sociales que le otorgaron legitimación ideológica. Puede decirse así que si bien la revolución por razones históricas centralizó el poder y creó un Estado fuerte y protagónico del desarrollo económico, abandonó cada vez más el desarrollo social por el carácter centralizado y jerárquico de sus estructuras. La carencia de institucionalización del poder conforme a la Constitución del país y la inexistencia de una competencia política por el ejercicio del mismo resultaron cruciales, desde nuestro punto de vista, en la configuración de un régimen autoritario.

Segunda Parte

La estructura social y económica

La significación social de la Revolución mexicana en Guerrero

La configuración socioeconómica actual del estado de Guerrero tiene como antecedente histórico excepcional el proceso de la Revolución mexicana en el estado entre 1911 y 1919. Debe destacarse que el propio régimen político mexicano ha reclamado su legitimidad en función de la orientación que dio al desarrollo histórico del país la Revolución mexicana.

Lo que puede discutirse al respecto, y es imprescindible para entender la estructura socioeconómica de la entidad, es la verdadera significación social que tuvo ese movimiento para Guerrero, porque es a partir de la evaluación social y política del proceso revolucionario que es posible mostrar la peculiaridad histórica de ese proceso en la entidad y la manera en que incidió en sus condiciones futuras.

Para explicar los distintos resultados que el movimiento armado consiguió en las regiones y localidades del país conviene distinguir con claridad, por una parte, el impacto que tuvo en ellas la concepción liberal de los caudillos del norte y sus motivaciones en favor de una agricultura capitalista dinámica y, por otra parte, el papel que desempeñaron los movimientos rurales autónomos entre 1910 y 1920 en favor de un agrarismo popular para recuperar u obtener la tierra y acabar así con el monopolio sobre su posesión y sobre el trabajo. Debe recordarse, además, que mientras el maderismo fue predominantemente urbano, la revolución fue rural y las reformas en torno a la tenencia de la tierra fueron las motivaciones principales para los campesinos.

Es necesario referirse, entonces, a la revuelta campesina en el estado de Guerrero durante 1911 y 1919 a fin de establecer los alcances sociales de la Revolución mexicana en ese estado, puesto que si en algo radica el contenido social del movimiento armado tiene que ser, precisamente, en las transformaciones en torno a la tenencia de la tierra en la medida en que, como se ha señalado por autores como Alan Knight,[1] los caudillos del norte impusieron a la revolución sobre todo un contenido político liberal que tendía a restringir las demandas propiamente sociales de dicho movimiento.

En ese sentido, conviene recordar la tesis de Ian Jacobs respecto a que la Revolución mexicana en Guerrero fue iniciada y tuvo como protagonistas importantes a los rancheros del norte de la entidad. Por ello, la relación entre la tierra y la revolución tuvo un carácter distinto a la del estado de Morelos, donde el movimiento rural se enfrentó abiertamente contra la hacienda. En el caso de Guerrero los propietarios rurales, como en cierta forma destaca Jacobs, fueron figuras centrales de la revolución y explica su participación en las convulsiones de 1911 a 1917 como resultado de la conjunción de complejos factores sociales políticos que para 1911 habían creado una clase ranchera que veía limitados sus horizontes políticos y económicos por el régimen porfirista: "Resulta bastante irónico que el presidente Díaz, al imponer una política liberal sobre la tierra, estuviera reforzando la mismísima clase de pequeños propietarios que más tarde ayudarían a derrocarlo".[2] De esta manera, las políticas económicas del régimen de Porfirio Díaz y la centralización política de su gobierno propiciaron las condiciones para el inicio de la lucha armada en Guerrero. Son estas mismas circunstancias las que inciden en la historia política del estado en esos años que culminan con el triunfo del centralismo del nuevo régimen en los años veinte y treinta, como lo destacamos en la primera parte.

La demanda de la revolución que terminó por imponerse inicialmente en Guerrero fue la de los rancheros de la parte norte del estado que buscaban poner fin a la restricción a la participación de los grupos locales en la política estatal. No

---

[1] *Cfr.*, Alan Knight, *La Revolución mexicana*, t. I y II, Grijalbo, México, 1996.

[2] Ian Jacobs, *La Revolución mexicana en Guerrero. Una revuelta de los rancheros*, Era, México, 1990, p. 23.

significa esto que no existieran condiciones sociales en la entidad que explicaran la subversión social en un sentido amplio, lo que ha sido discutido por Renato Ravelo al afirmar, en relación a la situación agraria en 1910, que existía en Guerrero "una alta concentración de las... tierras productivas en pocas manos y una explotación complementaria de la masa campesina".[3] Lo que puede afirmarse al respecto, no obstante, es que dada la peculiaridad de la vida social y económica del estado en esos años y de una estructura agraria donde el reclamo se orientó más contra los abusos del sistema de arrendamiento que contra el despojo de los terrenos de los pueblos, fueron los propietarios de clase media los que lograron imponer su visión de las cosas e intereses al movimiento.

A ello contribuyó también, como señaló en su momento Vicente Fuentes Díaz, el carácter de la propiedad comunal de los pueblos, de gran arraigo como en todos los lugares donde abunda la población indígena, y aunque privaba allí, como todavía en la actualidad, la pobreza resultado de una economía de subsistencia de carácter primitivo, los campesinos se encontraban constreñidos a sus bienes comunales, aislados en regiones abruptas e incomunicadas y apartados del resto de la población por las diferencias del lenguaje y la cultura.

Fuentes Díaz hace notar que la desamortización del patrimonio comunal de los pueblos se inició hasta la primera etapa del porfirismo y en condiciones adversas y de gran lentitud:

Todavía el 1 de abril de 1909, al rendir la protesta ante el Congreso local, el gobernador Damián Flores insistía así en el mismo problema: 'La desamortización de la propiedad comunal

---

[3] Renato Ravelo Lecuona, "Periodo 1910-1920", en *Historia de la cuestión agraria mexicana. Estado de Guerrero, 1867-1940*, Gobierno del estado de Guerrero/UAG/Centro de Estudios Históricos del Agrarismo en México, México, 1987, p. 93.

no está concluida y urge terminarla para evitar los desórdenes y desavenencias a que da lugar'.[4]

En esas circunstancias, cabe destacar que en 1910 el valor de la propiedad rústica en Guerrero ascendió en total a 2 millones 298 mil 19 pesos, lo que representaba el antepenúltimo lugar entre todos los estados de la República y solo superaba al territorio norte de Baja California y muy ligeramente a Chiapas,[5] además de que el jornal de un peón en Guerrero en 1900 era de 21 centavo diarios, el más bajo de toda la República en ese año, y muy inferior al promedio de jornal diario del país que era de 36 centavos.[6] Todo ello es revelador de la postración de la gran masa de la población campesina en Guerrero.

La situación social del estado dio lugar a que fueran grupos de la clase media rural los que encabezaran y jugaran un papel crucial en los sucesos de 1911, como ocurrió con los rancheros de la parte norte de la entidad. La mayor parte de quienes se rebelaron también procedían de la clase media urbana y rural, como Julián Blanco en Dos Caminos, Eucaria Apreza y Amado Rodríguez en Chilapa, Héctor F. López, quien con sus hermanos eran propietarios de tierras en Coahuayutla; Silvestre G. Mariscal, profesor y pequeño propietario agrícola en Atoyac; Enrique Añorve Díaz, también pequeño propietario agrícola de la Costa Chica; José Inocente Lugo, quien pertenecía a una familia acomodada de Ajuchitlán; Manuel D. Asúnsulo, propietario de minas en la región de Chichihualco; Martín Vicario de Huitzuco, pequeño propietario, y Jesús H. Salgado de Teloloapan, propietario de tierras y de minas.

Por su parte, los hermanos Figueroa (Ambrosio, Rómulo y Francisco) eran producto de una sociedad predominantemente

---

[4] Vicente Fuentes Díaz, *Historia de la Revolución en el estado de Guerrero*, 2ª. ed. ampliada hasta 1920, Instituto Nacional de Estudios Históricos de la Revolución Mexicana, México, 1983, p. 49.

[5] *Ibid.*, p. 53.

[6] *Idem.*

ranchera. Así, las causas inmediatas del levantamiento armado en 1911 en correspondencia al estrato social que lo impulsó y a las ideas que lo orientaron se referían, sobre todo, al propósito de cambiar el régimen político más que el sistema de propiedad de la tierra. Se trataba de la lucha contra la subordinación de la política del estado al interés político nacional que, primero bajo el mandato de Benito Juárez pero sobre todo con Porfirio Díaz, "sumió a Guerrero en la crisis e iba a constituir uno de los mayores motivos de queja de los que apoyaron la revuelta maderista y tomaron las armas en 1911".[7]

La ambición predominante de los rancheros de Huitzuco era, así, hacerse del poder local y en todo caso llevar a cabo algunas reformas de índole política, pero se trataba básicamente de caciques carentes de un verdadero compromiso social. La motivación principal se reducía a la promoción personal resultado de su descontento con las imposiciones del centro, cuestión ajena a los temas agrarios. Incluso, el propósito de afirmar un poder arbitrario y personal propio del caciquismo tradicional habría de resultar contrario a la idea de Madero de constituir un régimen legal y de instituciones políticas.

Así pues, las características del atraso extremo de la agricultura y de la vida social en Guerrero explican "el hecho de que en las aspiraciones iniciales de quienes impulsaron la Revolución no haya figurado ningún principio de carácter agrario formalmente expuesto".[8] En ese sentido, las revueltas de los Figueroa y de Zapata, a pesar de su cercanía geográfica, respondieron a causas diferentes y adoptaron programas diferentes. Además de que en sus orígenes la revolución en Guerrero no constituyó un vasto levantamiento popular, la condición social de sus protagonistas, de clase media urbana y rural, es también un referente esencial para considerar los logros sociales de ese movimiento,

---

[7] Ian Jacobs, *op. cit.*, p. 41.

[8] Vicente Fuentes Díaz, *Historia de la Revolución en el estado de Guerrero*, p. 55.

así como el éxito inicial de los Figueroa para controlar el poder político local en 1911.

En efecto, luego de la caída de Iguala, como señala Jacobs, los Figueroa tomaron medidas para fortalecer su posición, convocando a una asamblea militar el 16 de mayo para elegir gobernador provisional. En ella participaron los jefes revolucionarios de la toma de Iguala y otros cinco dirigentes de la región central del estado: Laureano Astudillo de Tixtla, José Rueda Bravo, Manuel D. Asúnsulo, Manuel Villegas y Miguel Serrano. No estuvieron presentes jefes importantes como Julián Blanco del centro, Enrique Añorve de la Costa Chica, Tomás Gómez y Silvestre G. Mariscal de la Costa Grande. En esas condiciones la elección recayó en Francisco Figueroa, quien llegó el 21 de mayo a Chilpancingo y cinco días después, el 26 de mayo, en consecuencia con lo que él consideraba los objetivos exclusivamente políticos de la revolución expidió su decreto número 1, por el cual quedaban "suspendidas en el Estado las Jefaturas Políticas y los Juzgados Especiales del Registro Civil". Con el segundo decreto, quedaba "derogado para siempre el artículo 42 de la Ley de Impuestos Fiscales, que establece la contribución personal, que ya ningún ciudadano volverá a pagar en el Estado". Era derogado, también, el artículo 77 de la misma ley "que autorizaba un nuevo impuesto sobre explotación de bosques" y el 80 que gravaba "las ventas al por mayor, hasta los establecimientos agrícolas, en lo relativo a ventas de maíz, que nunca han reportado impuesto ni deben reportarlo de parte del Estado".[9]

Es, sin embargo, con relación al problema agrario donde se expresaron de la manera más clara las limitaciones e insuficiencias desde el punto de vista social de lo que fue el programa político inicial de la revolución en Guerrero, puesto que el mismo se circunscribía en este tema a la aplicación incorrecta de las leyes de desamortización impuestas por el régimen de Díaz.

---

[9] *Periódico Oficial del Gobierno del estado de Guerrero*, 26 de mayo de 1911, pp. 2-3.

Como lo señaló el propio Francisco Figueroa en su informe de gobierno del 15 de noviembre de 1911:

> La cuestión de tierras se presentaba amenazadora, por el cúmulo de injusticias que en materia de adjudicaciones, se han cometido durante el viejo régimen; pero el Ejecutivo ha logrado conjurar el peligro, emplazando para más tarde las demandas de los pueblos a fin de que no ocurran á la violencia y de que la propiedad sea respetada... [y] pidiéndose á los terratenientes más consideraciones para sus colonos y tierras en arrendamiento, ofreciendo además oírlos en estricta justicia, cuando se hayan serenado los ánimos y la autoridad pueda obrar con la imparcialidad que el caso requiere.[10]

Inmediatamente después de que los rancheros de Huitzuco tomaron el poder con la llegada a la gubernatura de Francisco Figueroa, sobrevino además la fragmentación de la revolución en líneas más o menos bien definidas: los Figueroa en el Norte teniendo como centro de operaciones a Iguala, Jesús H. Salgado en Tierra Caliente, Julián Blanco en el Centro y en la Costa Chica, y Silvestre G. Mariscal en la Costa Grande. En ese sentido, comenta Jacobs, de 1913 a 1918 la revolución en Guerrero tuvo una clara semejanza con las lides del siglo XIX entre los caciques locales por el dominio del sur. Pero lo que debe destacarse con relación a la fragmentación de los grupos revolucionarios en Guerrero es que el faccionalismo de los caudillos de la revolución fue otro elemento que propició también la distorsión de las demandas sociales, en particular las campesinas.

En efecto, los levantamientos más importantes al inicio de la revolución de 1911, es decir los de Jesús H. Salgado, Julián Blanco, Silvestre G. Mariscal, así como el de los Figueroa, si

---

[10] Informe del gobernador provisional del estado, Francisco Figueroa, en el *Periódico Oficial del estado de Guerrero*, año XXXIV, núm. 76, Chilpancingo, 18 de noviembre de 1911, p. 2.

bien dieron lugar a alianzas transitorias entre ellos, tienen por hecho decisivo el que nunca lograron superar sus propios antagonismos para constituirse en un frente común que diera lugar a la articulación de demandas sociales claras. Aunque algunos de ellos reconocían a Ambrosio Figueroa como jefe nominal de la revuelta maderista, privaba en todos una independencia explicable por una particularidad de intereses, más allá de las demandas sociales, que se convirtió cada vez más en el móvil de sus propias acciones. Todo ello favorecido, nos parece, por la penuria social del estado y la complejidad de sus problemas.

Cada uno de estos jefes revolucionarios locales se consideraba autónomo de los demás, lo que dio lugar a una fragmentación de las filas revolucionarias que propició también que sus alianzas con los mandos nacionales de la revolución fueran decisivas para satisfacer sus ambiciones. Al respecto, Venustiano Carranza logró imponerse en Guerrero, entre 1916 y 1919, a través de Silvestre G. Mariscal primero y después de Francisco Figueroa. Este último fue gobernador del estado, primero con el apoyo de Madero (quien lo reconoció el 24 de mayo de 1911) y luego como representante del gobierno de Carranza del 16 de diciembre de 1918 al 31 de marzo de 1921; Jesús H. Salgado en 1914 con el apoyo de Emiliano Zapata (Salgado también fue designado gobernador constitucionalista por Carranza, aunque luego se rebelaría en favor de Zapata); Julián Blanco fue nombrado gobernador por Carranza a principios de 1915, pero a su muerte Silvestre G. Mariscal impuso su dominio con el nombramiento de Simón Díaz como gobernador provisional. Posteriormente el mismo Mariscal ocuparía el cargo de gobernador.

Así pues, no obstante que, como dijimos, se dieron entre estos jefes de la revolución en Guerrero algunas alianzas transitorias, el afán por hacerse del poder local dio lugar a una sangrienta y enconada lucha entre ellos que desvirtuó los contenidos sociales del movimiento armado. Los Figueroa combatieron a los zapatistas, Jesús H. Salgado a Ambrosio Figueroa (por haberse convertido, según decía, en el nuevo cacique del estado) y después a los constitucionalistas; Silvestre G. Mariscal fue sucesivamente seguidor de Madero, Huerta y Carranza, pues sostenía que "yo he de servirle siempre al Gobierno General que esté funcionando en México, sin discutir su personal".[11]

Finalmente, el 6 de agosto de 1915 Julián Blanco fue asesinado por Silvestre G. Mariscal para hacerse del control del estado con el apoyo de Carranza luego del nombramiento de Simón Díaz como gobernador provisional quien, habiendo sido nombrado por Carranza comandante militar de Acapulco, se negó también a proteger al gobernador Blanco para él mismo acceder al poder: "Al fin, Mariscal pudo adueñarse de la situación. Tras derrocar al Gobernador Simón Díaz… obtuvo a fines de 1916, que el carrancismo lo nombrara Gobernador".[12] Para acceder al control del estado fue decisiva también la disposición de Carranza de hacer salir de la entidad a quien pudiese disputarle el mando, es decir a los generales Joaquín Amaro y Héctor F. López: "Con ello, Mariscal se convirtió en amo y cacique de Guerrero… Silvestre G. Mariscal detentó el poder del 8 de noviembre de 1916, al 11 de diciembre de 1917".[13]

Así, cuando se consiguió al fin una relativa estabilidad política en el estado, ello fue consecuencia de conceder a Mariscal el control de la entidad —incluso por sobre el gobernador Simón Díaz— y no del propósito de implementar una estructura de poder que por su propio carácter fuese capaz de responder a la nueva conciencia social a que dio lugar la revolución en ciertos grupos sociales del estado, sobre todo en los campesinos sin tierra. La preocupación mayor de Venustiano Carranza, en

---

[11] Custodio Valverde, *Julián Blanco y la Revolución en el estado de Guerrero*, Ayuntamiento Constitucional de Chilpancingo, Carsa, Chilpancingo, 1989, p. 117.

[12] Moisés Ochoa Campos, *Historia del estado de Guerrero*, Porrúa, México, 1968, p. 276.

[13] *Idem.*

todo caso, era asegurar el control político de la entidad, no obstante que con ello Mariscal ejerciera un poder arbitrario. Cuando la ambición de Mariscal lo llevó a demandar la autonomía local para consolidar su poder, el "Primer Jefe" intervino militarmente en el estado recurriendo nuevamente a los Figueroa para imponer a Francisco en la gubernatura, como dijimos antes.

Tenemos entonces que el conflicto entre los caudillos locales, favorecido por los mandos nacionales de la revolución, fue un elemento esencial en la definición de los contenidos y proclamas de esa revolución en cuanto a sus alcances sociales. El desenfrenado faccionalismo de los grupos revolucionarios, explicable según creemos por la precariedad de las condiciones económicas del estado —en particular la del campesinado indígena sin tierra—, por la manipulación de estos mismos grupos por los líderes de la revolución y por el afán de controlar el poder del estado, fue, en nuestra opinión, un factor esencial para explicar la distorsión de los fines de la Revolución mexicana en Guerrero.

Puede decirse, además, que no obstante que el movimiento agrario en Guerrero se convirtió en una fuerza de importancia sobre todo con la toma de Chilpancingo en 1914, en la que participó el propio Emiliano Zapata, el programa de reparto de tierras y el movimiento mismo del principal jefe zapatista del estado Jesús H. Salgado, quien fue nombrado "Director Provisional del Estado" (cargo que ocupó del 28 de marzo al 24 de diciembre de 1914), nunca tuvo la claridad y concreción del Plan de Ayala. Ravelo también comenta que por los meses de septiembre y octubre de 1914 parecía llegar la pacificación bajo la hegemonía zapatista, no obstante, "el Estado revolucionario que emergió en Guerrero en 1914 se veía desintegrar a mediados de 1916, al tiempo que su ejército regresaba a su condición originaria de movimiento netamente guerrillero".[14]

---

[14] Renato Ravelo Lecuona, art. cit., p. 187.

Para 1919, como vimos, los grupos se habían destruido en la contienda, salvo los Figueroa, que se ausentaron del conflicto local en 1914 y así tuvieron la posibilidad de regresar a Guerrero en 1919, pero ahora al mando de tropas federales como representantes del gobierno de Carranza en su esfuerzo por reestablecer el control sobre el escenario político local. El hecho anterior contribuyó a circunscribir, aún más, los alcances sociales de la revolución en Guerrero, puesto que lo que volvió a imperar fueron las motivaciones políticas e intereses de los rancheros de Huitzuco como mediadores del gobierno federal.

En efecto, cuando la fase militar de la revolución en Guerrero llegó a su fin en 1919, Carranza pudo designar entonces un nuevo gobernador y se dirigió a los Figueroa, nombrando a Francisco Figueroa como gobernador provisional por segunda ocasión. De esta manera, el fin de la fase militar en Guerrero habría de coincidir con la contención del movimiento agrario en la entidad y el restablecimiento de la voluntad de los poderes centrales a través de los caciques del norte de Guerrero convertidos ahora en caudillos militares de la revolución.

En los años veinte y sobre todo en los treinta, el régimen revolucionario habría de lograr un mayor control sobre la movilización campesina. La acción recíproca entre los gestores locales del poder y el gobierno nacional llegó a ser el determinante básico de la participación campesina en el proceso revolucionario y, si bien en algunos casos el agrarismo popular fue lo bastante fuerte para obligar al nuevo régimen a tomarlo en cuenta, ello dependió también de que la revuelta agraria se produjera en regiones de agricultura comercial dinámica, como en el caso de Morelos, pero el impacto del movimiento agrario tendió a ser menor y a diluirse en la esfera política del nuevo régimen cuando el mismo dependió de la agricultura de subsistencia, como en el estado de Guerrero.

En este último caso, la reforma agraria en Guerrero fue utilizada cada vez más por el régimen que surgió de la revolución como recurso de control político y no de fomento a la agricultura y al bienestar social de los campesinos. Por otra parte, la forma lenta e incompleta con que se puso en práctica el artículo 27 de la Constitución de 1917, que justificaba la expropiación en bien del interés público, contribuyó a hacer valer más los intereses de la clase política del nuevo régimen que los intereses del agrarismo. El mantenimiento de una agricultura de subsistencia en Guerrero, que incluso tendió a deteriorarse aún más e imposibilitó el desarrollo industrial del estado, tiene su origen en estas circunstancias.

La crisis de la agricultura (1929-1940) y la marginación social en el medio rural

Como vimos en la primera parte relativa a la estructura del poder en Guerrero, es posible una interpretación más objetiva de la naturaleza del poder político en México a partir de la forma en que se instituyó ese poder que surgió con la revolución y se consolidó en el país a través del partido oficial integrando a los distintos grupos regionales y locales, en última instancia, bajo el mando único primero del "Jefe Máximo" y después del presidente de la República. De esta manera se puede incluso explicar en qué medida la estructura del poder en Guerrero es consecuencia tanto de circunstancias locales como del carácter y condiciones impuestas por el nuevo régimen mexicano. Lo que se revela así como necesidad sobresaliente del oficialismo revolucionario y el partido de Estado es el carácter hegemónico y la estabilidad del régimen político mexicano para hacer posible la reproducción de sus intereses que, si bien sobre todo entre 1934 y 1940 reclaman un vínculo con el movimiento revolucionario, después de esos años las demandas sociales tienden a subordinarse cada vez más a los intereses de la burocracia en el poder.

Los objetivos del régimen se convierten, en realidad, en los de la propia élite política que se gesta en las condiciones que describimos en la primera parte y que adquiere cada vez más un carácter autoritario. A ello contribuye la inexistencia de separación de poderes y un partido político oficial no único, pero sí absolutamente predominante como recurso para legitimar sus políticas y controlar las demandas que se presentan al régimen, lo que ha dado lugar a un pragmatismo a través del cual la élite política da forma a sus intereses y enfrenta los retos del desarrollo del país con la estabilidad política como objetivo prioritario. Las fluctuaciones, tanto en la política interna como en las políticas económicas, son reveladoras del carácter predominante de ese criterio.

De esta manera, las políticas económicas puestas en práctica por el régimen de la revolución se definieron primero en función de los intereses de los caudillos y después conforme a los intereses de las élites políticas y económicas. Por ello, el carácter selectivo y la prioridad de los programas de gobierno subordinados a esas condiciones reflejaban, cada vez más, una relación directa entre la burocracia política y las prioridades económicas. Se produce así una concepción de los problemas del país en su conjunto que hipotéticamente respondía a un programa de la revolución, pero que en realidad expresa los intereses económicos y políticos de la élite en el poder.

Así ocurrió con la reforma agraria. Incluso en el periodo presidencial de Lázaro Cárdenas, y más allá de sus propias intenciones políticas, lo que terminó por imponerse fue un proyecto bajo el requerimiento de las prioridades económicas que se definieron y resolvieron desde la estructura del poder y no, en sentido estricto, a partir de las demandas sociales. Por ello, los recursos destinados al campo en materia de crédito e irrigación se concentraron en los polos modernos de la agricultura, mientras que a los sectores atrasados se les repartió la tierra, pero no los recursos como la irrigación y el crédito para apoyar su desarrollo.

En cuanto al reparto agrario en Guerrero efectuado por el gobierno de Cárdenas, se ha documentado que repartió únicamente 12% de la tierra de la entidad que equivale a un poco más de medio millón de hectáreas y, no obstante que fue escasa la superficie territorial repartida,

Cárdenas ha sido el presidente que atendió al mayor número de campesinos solicitantes; es decir, el 39% de los campesinos que legalmente poseen tierra ejidal en Guerrero; sin embargo, el beneficio fue relativo, puesto que solamente el 23% de la tierra dotada era apta para cultivos, el resto fue de agostadero y bosques.[1]

Además, los ejidatarios quedaron subordinados al control estatal a través de la intervención del gobierno en el manejo de los ejidos, del riego y del crédito: "La central sindical y de movilización política en el interior del partido, la CNC, sirvió de intermediaria entre los campesinos y la burocracia para todo lo relativo a la tenencia de la tierra, al crédito, a las escuelas, al otorgamiento de agua y electrificación, etc.".[2] Tal control impidió la participación campesina en la gestión eficaz de sus demandas: la estructura política que dependía del presidente y se reproducía por medio del PRM y la Confederación Nacional Campesina (CNC) frenó la movilización social. En esas condiciones, la reforma agraria se paralizó y cuando Cárdenas dejó la presidencia, la política reformista del régimen cambió. Lo que finalmente incidió en la situación del campesinado fue una estructura política que incorporaba a los campesinos a las decisiones del gobierno. En todo caso, la política reformista del régimen se circunscribió, en lo fundamental, al periodo de gobierno de Cárdenas (1934-1940).

La estructura de poder impuesta en el estado de Guerrero, así como las políticas económicas del nuevo régimen mexicano, han dado forma a la situación actual de la entidad porque impidieron primero, en la década de los treinta, un adecuado fomento de la agricultura y, a partir de los años cuarenta, la imposibilidad del desarrollo industrial. A ello contribuyó, también, el atraso social y económico prevaleciente en Guerrero, la preponderancia de la organización política impuesta por el gobernador a los campesinos, así como la debilidad del

---

[1] Tomás Bustamante Álvarez, "Periodo 1934-1940", en *Historia de la cuestión agraria mexicana. Estado de Guerrero 1867-1940*, Gobierno del estado de Guerrero/UAG/Centro de Estudios Históricos del Agrarismo en México, México, 1987, p. 396.
[2] Jean Meyer, *La Revolución mexicana*, Jus, México, 1991, p. 240.

movimiento social que se dio en esas condiciones y que se vio inmerso en la radicalidad de las declaraciones oficiales, pero en la ineficacia de las acciones de gobierno para atender los requerimientos campesinos.

Con una reforma agraria que era en igual medida un medio de manipulación política se explica que las cantidades de tierra repartidas en Guerrero variaran considerablemente de un año a otro y de un gobernante a otro. Las fluctuaciones en el ritmo de la reforma agraria estaban estrechamente ligadas a los sucesos políticos, a nivel estatal como nacional, y si bien el primer periodo de reparto agrario llegó en los años 1921-1925 con el gobernador Rodolfo Neri, el ritmo de la reforma agraria disminuyó con el gobernador Héctor F. López, reanimándose bajo la administración del antiguo zapatista Adrián Castrejón (1929-1933). Durante el gobierno de Héctor F. López (1925-1928) imperó la idea de que debería dotarse a los pueblos preferentemente con tierras no roturadas o libres, "porque la iniciativa y el trabajo deben respetarse". Se giró entonces una circular para que se procurara "conciliar los intereses entre campesinos y terratenientes", otorgando iguales derechos a unos y otros.[3] Así, antes del presidente Cárdenas los periodos que se destacan por su impulso a la actividad agraria son los de Rodolfo Neri y de Adrián Castrejón, lo que demuestra lo antes dicho.

---

[3] Moisés T. de la Peña, *Guerrero económico*, t. II, Gobierno del Estado de Guerrero, México, 1949, p. 457.

Resoluciones y dotaciones agrarias definitivas en Guerrero según memorias del Departamento Agrario[4]

	Resoluciones		Dotaciones	
	No.	Has.	No.	Has.
Hasta 1920	7	5,857	5	4,757
1920-1924	62	72,592	56	60,923
1924-1928	30	35,492	30	32,871
1928-1932	133	209,247	130	191,289
1932-1934	76	149,429	25	47,559
1934-1940	345	559,930	336	542,529
1940-1946	77	143,939	115	184,323
1946-1947	24	54,616	6	5,842
Total:	760	1,231,103	703	1,070,093

El carácter que adquirió la reforma agraria en Guerrero dependió de las necesidades del gobierno local de contar con una base social para respaldar sus acciones. Por ejemplo: "Con la campaña electoral de 1923 tomó fuerza y se organizó la agitación agraria en la costa y se sucedieron por todas partes las invasiones violentas de las tierras. Empezó a legalizarse esta situación de hecho, a partir de 1928, con resoluciones provisionales".[5]

La reforma agraria sufrió un retroceso con el gobernador Gabriel Guevara, partidario de Calles, por la preponderancia de los intereses latifundistas de los grupos en el poder con relación a las demandas campesinas. El periodo del gobernador Alberto F. Berber (1937-1941), que coincidió con la segunda etapa del gobierno de Cárdenas, resultó particularmente revelador del comportamiento político del gobierno del estado pues, si bien es cierto que en su desconocimiento como gobernador fueron decisivas su diferencias con el PRM y con el gobierno del general Cárdenas, es claro también que lo que terminó por

---

[4] *Ibid.*, p. 456.
[5] *Ibid.*, pp. 457-458.

prevalecer en su administración es un ejercicio patrimonial del poder en nombre de las demandas de la revolución, lo que es inherente a la estructura de poder del nuevo régimen.

En su informe del 1 de marzo de 1940, que coincidió con la terminación del periodo de Cárdenas, Berber habría de sostener lo siguiente:

Es pertinente anotar que todas las Organizaciones Obreras y Campesinas, así como los elementos revolucionarios del Sector Popular, han constituido también un factor determinante de éxito, porque en todos los casos en que ha sido necesario, presentar siempre franco apoyo a mi gobierno y han coadyuvado con él con altos fines de desinterés y de mejoramiento para el conglomerado social.[6]

Ian Jacobs dice que aunque el gobernador Berber buscó compatibilizar la política agraria del gobierno del estado con la del presidente Cárdenas, de 1934 a 1940 el principal impulso a la reforma vino de la ciudad de México y obedeció a los objetivos de la política nacional.[7] No obstante, Cárdenas habría de reconocer explícitamente el atraso guerrerense en su visita al estado al final de su mandato, visita que se reseña en el informe de Berber y donde, según el gobernador, el presidente Cárdenas "dio a conocer, con alteza de miras diversos puntos de vista revolucionarios en relación con algunos problemas de país". En esa ocasión, después de señalar la importancia de la reforma agraria en su gobierno, Cárdenas dijo respecto de la entidad: "Encuentro que sus pueblos van progresando dentro de la nueva estructura social *no obstante las reducidas posibilidades económicas que prevalecen aún en el estado*, pero mucho se espera de la actividad de sus hijos y de la vitalidad de su

---

[6] Informe de Alberto F. Berber, 1 de marzo de 1940, Chilpancingo, p. 76.

[7] Ian Jacobs, *La Revolución mexicana en Guerrero. Una revuelta de los rancheros*, Era, México, 1990, p. 180.

suelo".[8] Las palabras de Cárdenas constituyeron, en realidad, un tácito reconocimiento —por lo menos— de la insuficiencia de la reforma agraria en Guerrero en cuanto recurso para impulsar el desarrollo del campo.

El atraso económico y la marginación social en el estado habrían de agudizarse después de 1940 porque lo que se inició entonces en el país fue un proyecto de modernización económica con exclusión social que acentuó el atraso de la entidad respecto de otras regiones. En efecto, el proyecto del nuevo presidente Manuel Ávila Camacho hizo a un lado las reformas del campo para concentrarse exclusivamente en un desarrollo económico en favor de la propiedad privada como eje de la modernización rural y depositaria de los recursos del Estado. En esas condiciones, los campesinos fueron objeto de un reparto agrario cada vez más dosificado con la intención de asegurar su control político.

Todo lo anterior contribuye a explicar que luego de la reforma agraria llevada a cabo por el régimen de la revolución, el estado de Guerrero mantenía una agricultura pobre e inferior al promedio de la República. Según los censos de 1930 y 1940, Guerrero tenía una producción agrícola con valor de 8 millones 152 mil 560 pesos y 22 millones 420 mil 523 pesos, respectivamente, lo que representaba, según Moisés T. de la Peña, 1.8% del valor de las cosechas nacionales en el primer caso y 2.7% en el segundo.

No obstante que la superficie cosechada de Guerrero era representativa del 3.4% del total de la República, su participación en el valor de las cosechas era inferior por la carencia de un adecuado fomento de la agricultura, en particular en lo que se refiere al riego. Se trata de los años, además, en que las políticas

---

[8] "Mensaje del Presidente de la República ante el Congreso local", Chilpancingo, Guerrero, 20 de febrero de 1940, en *Los presidentes de México. Discursos políticos 1910-1988*, t. III, Presidencia de la República/El Colegio de México, México, 1998, p. 143. Las cursivas son nuestras.

del régimen de la revolución tuvieron su mayor impacto en el campo mexicano:

> En 1939 hubo 14 estados que superaron a Guerrero por el valor de sus cosechas; situación lamentable, en vista de que por su población lo superan sólo 9 estados y 13 por su superficie. Pero también hay 14 estados que lo superan por la extensión de sus tierras bajo riego, y, además, en el importantísimo renglón de la técnica agrícola se halla Guerrero sumamente atrasado.[9]

Así, como hemos insistido, una de las claves para explicar el atraso social y económico de Guerrero consiste en destacar el verdadero impacto que finalmente tuvieron allí los programas sociales de la Revolución mexicana subordinados a las prioridades del régimen y de los estratos económicos del sector privado mexicano, sobre todo en lo que concierne a la reforma agraria. En razón de lo anterior, el régimen que surge de la revolución y que tiene entre sus objetivos acabar con el "dualismo económico del porfiriato", en realidad no solamente no acabó con el mismo, sino que en las décadas de 1930 y 1940 se agudizó el problema acentuando las desigualdades.

En efecto, con relación al problema campesino el gobernador Rafael Catalán Calvo afirma, al terminar su periodo en 1945 y cuando el estado contaba con una población de aproximadamente 800 mil habitantes, que 79% de la población económicamente activa vivía del trabajo agrícola, y que el 21% restante se dedicaba a trabajos en las minas, o bien como artesanos en sus pequeños talleres hogareños, así como al comercio. Decía además que el trabajador del campo, debido a las condiciones que prevalecen en el estado sobre irrigación, consumo y vías de comunicación, trabajaba individualmente su parcela y que "los campesinos están casi ayunos de organización, pues la Liga de Comunidades Agrarias, agrupa en su seno a los ejidatarios más

---

[9] Moisés T. de la Peña, *op. cit.*, t. I, p. 149.

bien con fines políticos".[10] El propio Catalán Calvo reconoce también que el gobierno del estado "no tiene capacidad económica para realizar obras de riego por los altos costos que éstas alcanzan",[11] lo que significa en realidad el reconocimiento del fracaso del programa agrario de la Revolución mexicana en Guerrero.

De acuerdo con Moisés T. de la Peña, Guerrero contaba a mediados del año de 1948 con aproximadamente 66 mil ejidatarios en posesión de tierras ejidales (786 ejidos). Las tierras sumaban millón y medio de hectáreas en número redondos y daban un promedio de 2.7 hectáreas por ejidatario.

> En todos los casos se hace notar la insuficiencia de las tierras de labor otorgadas, refiriendo éstas al número de ejidatarios favorecidos: generalmente fluctúa la parcela media entre 1, 2 y 3 has., con promedio general de 2.5. Pero si se agrega a la tierra de labor la de agostadero laborable, el promedio se eleva a 4.7 has. por ejidatario; muy bajo promedio, porque una buena parte de estas últimas tierras no es susceptible de ponerse bajo barbecho.[12]

De la Peña destaca, en su análisis, el siguiente dato: *"parece haber en Guerrero alrededor de 65 000 agricultores sin tierra, o sea el 37% de los que tienen derecho a ella"*.[13]

Las limitaciones de la reforma agraria en Guerrero se manifiestan sobre todo en la marginación social que ha privado en el campo. Y en cuanto al impacto que tuvo la reforma agraria en la configuración de la estructura social y económica de la entidad, debe destacarse no solamente el carácter predominantemente campesino de la sociedad guerrerense, sino también incluso el

---

[10] Rafael Catalán Calvo, *Problemas de Guerrero*, 3ª. ed., Gobierno del Estado de Guerrero/Instituto Guerrerense de la Cultura, México, 1986, p. 158.

[11] *Ibid.*, p. 136.

[12] Moisés T. de la Peña, *op. cit.*, t. I, p. 464.

[13] *Ibid.*, p. 473. Las cursivas son nuestras.

hecho de que Guerrero, contando con una superficie de 64 282 kilómetros cuadrados[14] que equivalen al 3.3% del territorio nacional, es un estado predominantemente montañoso. Las serranías, montañas y cerros que integran el sistema orográfico de Guerrero constituyen uno de los más intrincados de la República y en él se destaca la Sierra Madre del Sur. Lo anterior determina que su superficie laborable sea escasa (la octava parte, aproximadamente, del territorio estatal).

Según Moisés Ochoa Campos, hacia los años sesenta la marginación campesina se habría agravado, no obstante que el estado contaba en esos años, como señalaba con optimismo en *Guerrero: análisis de un estado problema*, "con excelentes recursos agrícolas" y la potencialidad productiva en la entidad resultaba indiscutible, el panorama que ofrecía el problema agrario resultaba también precario, puesto que la acción ejidal en el estado era deficiente. Ello no obstante de que se trata de un estado con población mayoritariamente campesina y se trata también de una entidad que participó activamente al lado del zapatismo en la revolución.

Según los datos que Ochoa Campos destaca, la reforma agraria distaba ya mucho de amparar a la mayoría de la población campesina de Guerrero, puesto que el número de ejidatarios existentes en los años 1962-1963 llegaba a 76 029, lo que en términos de sus familias constituiría una población aproximada de 380 145 habitantes. Si tomamos en cuenta que en 1963 la población rural del estado era de 881 177, tendríamos que concluir, como lo hace Ochoa Campos, que los ejidos guerrerenses mantendrían aproximadamente solo 43.14% de la población campesina de la entidad.

La anterior conclusión permite afirmar que el resto de los habitantes: el 56.86% que constituye más o menos 501 032 personas no dispone de medios de subsistencia lo suficientemente especificados... En otras palabras, a más de cincuenta

---

[14] INEGI, *Anuario estadístico del estado de Guerrero*, México, 1990, p. 3.

años de revolución, uno de sus programas trascendentales, el de la política ejidal, ha favorecido parcialmente a Guerrero. *Solamente el 43.14% de su población rural, se encuentra amparado por tal sistema de tenencia de la tierra.*[15]

La marginación social en Guerrero se manifiesta sobre todo, como hemos insistido, en el medio rural. Es allí donde se expresa de la manera más clara la relación entre los mecanismos del poder local y el incumplimiento de las demandas campesinas. En efecto, el escepticismo de los campesinos frente a las políticas públicas tiene que ver, en gran medida, con su desencanto primero, frente a las promesas de la revolución y, después, con su frustración por una organización política impulsada desde el régimen que, en vez de favorecer el desarrollo social, ha traído consigo el inmovilismo dado el carácter corporativo del sistema orientado, cn lo fundamental, a su propia reproducción y no a la atención efectiva de las necesidades del campesinado.

Otro factor que contribuyó al atraso del campo en Guerrero fueron las políticas económicas selectivas de los gobiernos surgidos de la revolución, mismas que dieron lugar al mantenimiento de una economía de subsistencia y, por otra parte, al impulso de una agricultura comercial. En efecto, el norte que hizo la revolución con Carranza, Obregón y Calles, se benefició con ella porque impulsó una política de inversiones en el norte y el noroeste que favoreció la agricultura de carácter comercial. Ello se explica por el interés que los propios caudillos tenían en ese tipo de agricultura y, después de los años cuarenta, el gobierno federal. En cambio, en el sur el interés del gobierno que se gestó con la revolución obedeció, más bien, a la necesidad de incorporar a los campesinos como base social del régimen.

En este sentido, las políticas del gobierno contribuyeron decisivamente a incrementar la desigualdad económica porque a

---

[15] Moisés Ochoa Campos, *Guerrero: análisis de un estado problema*, Trillas, México, 1964, p. 163. Las cursivas son nuestras.

través de ellas se definió la localización de los principales sistemas de irrigación en el norte y en el noroeste, donde predominan las grandes propiedades privadas sobre los terrenos ejidales:

En realidad, gran parte de las tierras directamente beneficiadas por los nuevos sistemas hidráulicos son propiedad, directa o indirectamente, de prominentes políticos mexicanos, sus amigos y parientes. Esta modalidad fue evidente sobre todo durante la presidencia de Miguel Alemán, cuando las inversiones en irrigación absorbieron el 17% de la inversión federal total. En contraste, poco se ha hecho para proporcionar agua a la región de la meseta central densamente poblada, en donde la mayoría de la tierra es de ejidatarios y de propietarios de pequeñas parcelas privadas.[16]

Es de destacarse que de 1925 y hasta los años cincuenta el gobierno realizó grandes inversiones en la agricultura comercial del norte y de las costas: carreteras, presas, canales, electrificación, etc. Cabe hacer notar, también, que en ese norte favorecido por los sonorenses no hubo prácticamente ejidos antes de Cárdenas. En cambio, pese a la reforma agraria en el sur los campesinos continuaron labrando la tierra con el arado de madera y el azadón e, incluso, en las zonas agrícolas de extrema pobreza, como en la montaña guerrerense, privó el precolonial sistema del *tlacolol*, además, "el antieconómico sistema de cultivo a base de año y vez en tierras de barbecho, Guerrero es de los excepcionales estados que aún lo practican, a pesar de que es angustiosa su carencia de tierras de labor".[17]

Jean Meyer señala, al respecto, que es notable la actitud del gobierno al haber repartido la tierra con una mano, en el altiplano y en el sur, en el viejo México de las grandes densidades

---

[16] Roger D. Hansen, *La política del desarrollo mexicano*, 21ª. ed., Siglo XXI, México, 1993, p. 110.
[17] Moisés T. de la Peña, *op. cit.*, t. II, p. 149.

demográficas, y con la otra haya derramado el dinero y el agua en el noroeste, lo que lo lleva a distinguir entre el reparto como fenómeno político y las inversiones en tanto que interés económico: "El reparto concierne a las masas, las inversiones a los medianos y grandes propietarios. La conjunción de ambas formas es lo que se llama la reforma agraria, que persigue el doble objetivo de la tranquilidad en el campo y el crecimiento agrícola".[18] Puede decirse así que la reforma agraria tuvo una finalidad sobre todo política: crear una base social, la de los ejidatarios ligados al régimen y, como dice Meyer, se trató de una medida conservadora porque estabilizó la revolución y aseguró la propiedad acentuando la heterogeneidad en el desarrollo agrícola del país.

Las inversiones localizadas en el norte y el reparto agrario con fines políticos en el sur significaron el agravamiento del dualismo al interior de la agricultura, porque el crecimiento económico de esa manera alcanzado no suprimió la dicotomía entre la agricultura comercial y el resto de la agricultura de la que subsistía la mayoría de los campesinos. El gobierno impulsó, así, la redistribución de las tierras y de las propiedades comunales en beneficio del sector moderno. Con ello, surgieron los distintos Méxicos socioeconómicos en función de las variedades regionales que asumió la agricultura en ese periodo, sobre todo porque, como veremos después, fue precisamente el auge de la agricultura el que permitió la industrialización de México y el crecimiento económico.

No obstante que las primeras tentativas oficiales hechas en Guerrero para ampliar sus tierras de riego datan de los años posteriores a la revolución —en 1926 año en que el presidente Calles inauguró la "política revolucionaria" de irrigación— tal programa nunca se llevó a cabo de manera eficaz. El gobernador informaba en esas fechas que la Secretaría de Agricultura iniciaba apenas los estudios para la pequeña obra de riego de

---

[18] Jean Meyer, *op. cit.*, p. 253.

Iguala, tomando como vaso regulador la laguna de Tuxpan. Pero en realidad, hasta los años cuarenta no se contaba con datos fidedignos sobre una cuestión tan fundamental y tan proclamada por el régimen revolucionario como lo era el riego. "No es posible hacer el cálculo de la superficie que ocupan en Guerrero las tierras de riego… Nadie ha hecho una estimación aproximada de tan importante dato".[19]

El hecho fundamental consistió en que en realidad se formalizó la construcción de obras de riego en Guerrero hasta 1947, cuando la obra social de la revolución estaba consumada. Por ello, si bien se ha dicho que el "milagro" del crecimiento económico de México puede encontrarse en el comportamiento de la agricultura a partir de 1935, cuando la producción agrícola se elevó con una tasa real del 4.4% al año[20] y las exportaciones en ese rubro se elevaron en más del 6% anual a partir de 1940 (lo que permitió que los ingresos en divisas del sector agrícola se hayan empleado para financiar la industrialización propiciando que hasta los años setenta se creciera a una tasa anual de más del 6%), tenemos que llegar a la conclusión de que el estado de Guerrero sencillamente quedó al margen de dicho crecimiento económico. Moisés T. de la Peña afirma al respecto que hasta 1947 "se organizó la Junta Local de Irrigación, en cooperación entre el Gobierno Federal y el del estado. Este último aporta un tercio del costo de las construcciones y el resto es por cuenta del primero". Subraya, sin embargo, que hasta finalizar 1946 "las pocas obras atacadas lo fueron exclusivamente por cuenta de la Federación".[21]

El cuadro que presentaba la agricultura en Guerrero durante esos años, en términos de su infraestructura, es el siguiente: la superficie agrícola censada en la República en 1940 era de 118 millones 597 mil 002 hectáreas equivalentes al 60.36% de la superficie territorial. Guerrero registraba en este mismo censo 4

---

[19] Moisés T. de la Peña, *op. cit.*, t. II, p. 128.
[20] Roger D. Hansen, *op. cit.*, p. 81.
[21] Moisés T. de la Peña, *op. cit.*, t. II, p. 129.

millones 993 mil 968 hectáreas de superficie agrícola, o sea 4.21% de la superficie total del país, lo que colocaba a la entidad en el noveno lugar respecto a las demás de la República. Guerrero ocupaba, según estos datos, el séptimo lugar por la extensión de sus tierras de temporal, pero el veintiunavo por las de riego, lo que es revelador de una infraestructura agrícola sumamente deficiente:

> De los datos del censo de 1940 se desprende que las inversiones en obras hidráulicas en Guerrero, de \$479 555.00, lo sitúan en el 20°. lugar entre los restantes Estados de la República, y por el valor de otras construcciones concurrentes al perfeccionamiento e integración de la explotación agrícola, con sus \$3 050 460.00 se hallaba colocado en el 24°. lugar.[22]

Para 1967, las tierras que contaban con el beneficio del riego solo representaban 2% de las tierras de labor,[23] con la consecuente crisis del sector agrícola local que ha dado lugar a un agravamiento de las condiciones sociales de subsistencia de la gran mayoría de la población del estado: la población campesina. Cabe agregar también que para 1985 se cultivaron en la entidad 567 mil hectáreas, de las cuales solo 8% había sido beneficiada con obras de riego, siendo el resto de temporal. Los cuadros que a continuación se incluyen revelan la persistencia de los problemas de infraestructura que han dado lugar a la inmovilidad y al atraso en el campo guerrerense:

---

[22] *Ibid.*, p. 150.
[23] Sistema Bancos de Comercio 1967-1975, *La economía del estado de Guerrero*, t. I, México, p. 22.

<h1 style="text-align:center">Tenencia de la tierra[24]</h1>

Solo privada	16.1%
Mixta	3.9%
Solo ejido	80.0%

<h1 style="text-align:center">Disponibilidad de riego</h1>

Riego temporal	11.3%
Solo riego	3.1%
Solo temporal	85.6%

<h2 style="text-align:center">Superficie sembrada y cosechada y valor de la producción en el año agrícola por disponibilidad de agua 1995-1996 (en porcentajes)</h2>

	Superficie sembrada	Superficie cosechada	Valor de la producción
TEMPORAL	92.2%	92.4%	85.3%
RIEGO	7.8%	7.6%	14.7%

De esta manera, con la crisis de la agricultura que ha constituido el rubro económico fundamental de la entidad, se ha agudizado la marginación social de la gran mayoría de los guerrerenses, lo que se explica, como dijimos antes, por un régimen político corporativo que subordinó a sus intereses los programas de la reforma agraria, en particular el reparto de tierras y el impulso a la infraestructura agrícola. El gobierno, además, incorporó al régimen a los campesinos, organizándolos bajo el control del Estado, y manejó con un criterio económico la agricultura comercial y con un criterio político la agricultura

---

[24] Los datos de los cuadros siguientes pueden encontrarse en el *Anuario estadístico del estado de Guerrero* del INEGI: México, 1997, pp. 380 y 389.

de subsistencia de algunos de los estados del sur, como ha sido el caso de Guerrero.

Las consecuencias de tales hechos se ponen hoy de manifiesto por las condiciones sociales en que vive la población guerrerense. Cabe recordar, al respecto, que las luchas encabezadas por Genaro Vázquez Rojas, en los años sesenta, y por Lucio Cabañas durante los años setenta, fueron movimientos con antecedentes en las movilizaciones de los copreros y campesinos en defensa de sus predios y la comercialización de sus productos, así como de los movimientos en favor de ciertos derechos sociales básicos como el de la educación.

Debe tenerse presente, también, que no obstante la legitimidad de tales demandas el gobierno reaccionó con extrema dureza propiciando la radicalización de esos movimientos y su represión militar. Las condiciones sociales que dieron origen a los mismos, no obstante, han permanecido inalteradas o bien se han agravado, lo que muestra la incapacidad de los gobiernos surgidos de la revolución para afrontar tales retos, así como la imposibilidad de transformar las condiciones sociales de la población bajo esa estructura política corporativa.

Las estructuras políticas y económicas que privan en Guerrero han dado lugar a una reproducción de los problemas sociales del atraso y la pobreza. La entidad tiene el mayor grado de desnutrición y es uno de los tres estados más pobres del país según el Consejo Nacional de Población. En la actualidad, además, 180 mil familias viven en condiciones de miseria y el índice de desnutrición rural infantil es del 10.2%, mientras que la media nacional es del 3.6%.[25] El déficit de escuelas y maestros es extremadamente grave y, en consecuencia, el índice del analfabetismo es alto (del 23.9% de la población de 15 años y más) y muy bajo el índice de escolaridad de la gran mayoría de la población guerrerense (21.9% no terminó la primaria y solamente 7.7% cuenta con educación superior).[26]

---

[25] *Reforma*, México, 4 de febrero de 1999.

[26] INEGI, *Guerrero. Perfil sociodemográfico*, México, 1995, p. 30.

La estructura socioeconómica de Guerrero

El dualismo económico entre la agricultura comercial y de subsistencia que persistió entre 1929 y 1940 dio lugar, en el periodo de 1940 a 1977, a un nuevo dualismo entre el desarrollo industrial y el atraso económico. Como dijimos, México comenzó su industrialización al sustituir las importaciones después de 1940 con el auge de la agricultura comercial. En esas condiciones, a partir de esa década y hasta los años setenta, se alcanzó en el país un crecimiento económico de 6% anual promedio, dando lugar a un cambio estructural de la economía a nivel nacional. En Guerrero en cambio, según vimos en el capítulo anterior, privó la agricultura de subsistencia y, por tanto, la imposibilidad de una industrialización apoyada en el desarrollo agrícola.

Bajo la nueva economía exportadora del país, el crecimiento se fundó en la explotación de los recursos naturales con una mano de obra barata y con capital y tecnologías extranjeras. La polarización económica y de ingresos se acentuó dando lugar a las distintas regiones económicas del país. Con estas transformaciones, México experimentó también un cambio significativo en sus niveles de urbanización y crecimiento demográfico. Sin embargo, las mismas tuvieron efectos desiguales. Y así, en Guerrero, con una población fundamentalmente campesina y sin inversiones significativas en la agricultura, estas transformaciones contribuyeron a mantener y a generar nuevos desequilibrios sociales, lo que se manifestó sobre todo, como veremos, en las décadas de 1960 y 1970.

En el estado de Guerrero la actividad agrícola, a pesar de su población mayoritariamente campesina, ha decrecido sistemáticamente. Igual situación se ha producido en la industria; en cambio, el sector terciario se ha fortalecido, como lo mostraremos en seguida y de acuerdo con los datos del INEGI. Puede decirse, por ello, que las políticas económicas en la entidad han favorecido las inversiones en la rama de los servicios, mientras que las actividades agrícola e industrial vieron disminuir su participación en la economía estatal. Puede afirmarse que el proceso económico "modernizador" en Guerrero, impulsado por los gobiernos estatal y federal, se desarrolla casi exclusivamente con base en el turismo, de tal manera que incluso la industria, que requiere de inversiones a largo plazo, se ha visto relegada a segundo plano en las nuevas opciones de inversión.

De esta manera, como se ha insistido, si algo caracteriza al desarrollo económico y social alcanzado por México a partir de los años treinta, es su carácter desigual. La marginación social guarda, además, una estrecha relación con el desarrollo desigual de las distintas actividades económicas. Para una sociedad campesina como la del estado de Guerrero, estas diferencias se han acentuado con el tiempo.

Lo anterior se expresa así en la restricción de oportunidades económicas y sociales en el ámbito del régimen político imperante. Los datos económicos, como señala Roger D. Hansen al respecto,[1] son de lo más fehacientes: la gran desigualdad en la distribución del ingreso en México es sobre todo un reflejo del dualismo que existe en el sector agrícola mexicano, pues en tanto que se modernizó un pequeño segmento de la agricultura mexicana, quizás hasta 85% de las propiedades privadas, en cambio las propiedades ejidales como las que existen predominantemente en Guerrero todavía se cultivan en forma primitiva.

Si además se toma en consideración, como ya dijimos, que el crecimiento económico de México posterior a la revolución se sustentó en buena parte en el comportamiento de la agricultura nacional, pero que los índices respectivos corresponden fundamentalmente a la agricultura comercial, el resultado ha sido que el crecimiento económico de la agricultura dio lugar a una concentración de los recursos, como ocurrió en otros sectores de la economía.

---

[1] *Cfr*. Roger D. Hansen, *La política del desarrollo mexicano*, 21ª. ed., Siglo XXI, México, 1993, p. 105.

En el caso del estado de Guerrero, ha prevalecido una agricultura primitiva y de autoconsumo para la población campesina e indígena de la entidad. De esta manera, la agricultura en el estado no se convirtió, como en otras regiones del país, en el detonante del crecimiento económico, puesto que no pudo desempeñar las tres funciones fundamentales que se han señalado al respecto: a) proveer productos agropecuarios para los mercados locales y exteriores; b) proporcionar un ingreso adecuado a los productores agrícolas, tanto operadores como asalariados, y c) ofrecer una base propicia para el desarrollo de los demás sectores de la economía.[2] El comportamiento de la agricultura en Guerrero fue, así, muy distinto al que se produjo en otras regiones del país y que dio lugar al crecimiento económico entre 1935 y los años setenta.

En consecuencia, la estructura socioeconómica del estado de Guerrero muestra con particular agudeza que, no obstante que la gran reivindicación y legitimación del régimen político mexicano posrevolucionario lo constituyó la justicia social, las estadísticas de la distribución del ingreso, así como los desequilibrios de la entidad, demuestran lo contrario: la ausencia de equidad en la distribución de la riqueza.

Para describir, así, la actual estructura económica y social del estado, caracterizada por la marginación, conviene insistir que en Guerrero, con una agricultura predominantemente de autoconsumo, no ha habido un proceso de industrialización efectivo e, incluso, la actividad agrícola a partir de 1970 ha decrecido en importancia y solamente el sector de servicios se ha visto fortalecido. Debe señalarse, sin embargo, que los recursos obtenidos en este rubro no se reinvierten en el estado, puesto que se trata de una economía fundamentalmente de capitales ajenos a la entidad que ha contribuido a agudizar los conflictos sociales porque en función de la excesiva atención por el turismo se han desatendido otros sectores.

---

[2] *Cfr.* Leopoldo Solís, *La realidad económica mexicana: retrovisión y perspectivas*, Siglo XXI, México, 1993.

En efecto, en 1970 el sector primario representó 19.4% de la producción estatal; en 1975, 17.7%; en 1980, 14.2% y en 1993 significó 10.4%, con lo que tenemos un decremento en el sector agrícola en términos absolutos. Por lo que se refiere al sector secundario, en 1970 el mismo representaba 18.7% de la producción estatal, en 1975, 17.2%; en 1980, 16.8% y en 1993, 14.9%, lo que nos revela un severo estancamiento en el sector industrial. Por el contrario, el sector de servicios aportó en 1970 61.8% del Producto Interno Bruto estatal; en 1975, 65.1%; en 1980, 69% y, en 1993, 75 por ciento.

En 1970, la población ocupada se distribuía de la siguiente manera: 62.2% en el sector primario, 11.6% en el secundario y 19.3% en el terciario. En 1980 la variación al respecto fue significativa, puesto que 44.28% se ubicaba entonces en el sector primario, 8.36% en el secundario y 46.79% en el terciario. Para 1990, con una Población Económicamente Activa (PEA) de 636 mil 938 personas, pero con una población ocupada de 611 mil 755, el sector terciario es el que tiene mayor peso en la economía guerrerense ya que allí se concentra 42.6% de la población ocupada, en el sector primario 36.4% y en el secundario 16.9%. Finalmente, para 1995 la población ocupada se distribuía como sigue: 41.3% en el sector primario, 12.9% en el secundario y 45.5% en el terciario.[3]

En el Censo General de Población y Vivienda de 1990 se señala, además, que la población ocupada se distribuye de manera muy diferente en las siete regiones que configuran la entidad, ya que en cinco de ellas (Tierra Caliente, Centro, Montaña, Costa Grande y Costa Chica) la población se ocupa en las actividades primarias, predominantemente la agricultura, Sin embargo, en la región Norte y en Acapulco, la más poblada de Guerrero,

---

[3] De acuerdo con el Censo de Población y Vivienda 2010, durante el periodo 2000-2010 la población ocupada en el sector primario disminuyó del 27.1% al 25.3% y en el secundario del 20.6% al 18.3%. En el sector terciario, por el contrario, el porcentaje se incrementó del 50.7% al 55.3% en ese mismo periodo.

predominan las actividades del sector terciario —relacionadas con el comercio, transporte, comunicaciones y servicios. Lo anterior contribuye a definir la estructura económica de la entidad.

En cuanto a la distribución del ingreso, debe señalarse que de acuerdo con el censo de 1990, el ingreso mensual de la población ocupada en el estado de Guerrero se distribuía de la siguiente manera: 14.7% de la población ocupada no recibía ingresos; 23.2% recibía menos de dos salarios mínimos; 29.9% de uno a dos salarios mínimos; 14.2% más de dos y menos de tres; 7.1% percibía de tres a cinco salarios mínimos y 4.5% recibía más de cinco salarios mínimos. El porcentaje de ingresos no especificado, según el mismo Censo, asciende al 6.4 por ciento.

Tenemos en suma que no obstante que el estado de Guerrero sigue siendo una entidad con una población predominantemente campesina, su producción en el sector primario representó solo, para 1993, 10.4% del Producto Interno Bruto del estado. En cambio, el sector servicios representó 75%. El sector industrial ha permanecido estancado y representó en ese año 14.9%. Lo anterior, además de perfilar en términos generales la estructura socioeconómica del estado, nos muestra el potencial conflictivo de la misma. Nos referimos a la distorsión que significa, en términos de su estructura económica y social, el hecho de que para un estado con una población en su mayoría campesina la importancia de la producción agrícola haya descendido notable-mente y se haya incrementado exclusivamente el rubro turístico.

Con relación al poder económico de los grupos políticos, hemos dicho que la carencia de institucionalización de los poderes públicos, debido al incumplimiento de las leyes del país, ha favorecido la fusión de la política con los negocios. Ello explica en Guerrero, también, la prioridad que se ha dado al turismo porque las élites políticas y del país tradicionalmente se han involucrado en negocios hoteleros y de transporte, lo que resulta particularmente notable desde el gobierno del presidente

Miguel Alemán (1946-1952) y del gobernador Baltasar R. Leyva Mancilla.

Por ello, podemos decir que el principal propósito de lo que se dio en llamar el "oficialismo revolucionario" ha sido y sigue siendo mantener su propia hegemonía sobre la política mexicana y, sobre todo, obtener ventajas económicas de esa situación:

Las élites mexicanas de la política y los negocios se han ido fundiendo gradualmente y cuando los intereses creados de la élite económica han estado involucrados en una decisión política, el actual grupo gobernante se ha mostrado menos preocupado por la industrialización de lo que sugieren sus declaraciones públicas.[4]

A las anteriores prácticas del poder se debe que, sobre todo a partir de la cuarta década del siglo XX, se haya producido una constante reducción de los programas sociales y políticos de la revolución en favor de un desarrollo económico con una alta concentración del ingreso y que la principal favorecida haya sido la propia burocracia política.

En el caso de los grupos políticos locales, las más de las veces dirigidos por los exgobernadores, sus decisiones han buscado favorecer los intereses económicos de grupo, por lo que la "política" en el marco del régimen mexicano se redujo a instrumento de gestión de los intereses de la burocracia. Al desarrollo económico, como nuevo criterio de legitimación del poder central, se le impuso así en el estado de Guerrero una visión de corto plazo sujeta a las prácticas autoritarias y al beneficio que otorga el poder, por lo que los problemas sociales y económicos de la entidad no solamente no encuentran soluciones dentro de la administración gubernamental, sino que se han ido agravando con el paso del tiempo. De esta manera, a lo largo de la década de los setenta la participación del PIB de Guerrero dentro de la economía nacional se mantuvo constante en 1.7%.

---

[4] Roger D. Hansen, *op. cit.*, p. 288.

El mismo porcentaje se registró en 1980, con lo que en términos del PIB *per capita* el estado ocupó el trigésimo lugar en el país con un valor de 33 mil 379 pesos, lo que significa cerca de la mitad de la media registrada a nivel nacional.[5]

El problema en conjunto en la entidad es el de un atraso que involucra los distintos aspectos de la vida social y económica. Se trata también, como ya lo dijimos, de una reproducción del atraso y de la miseria por las consecuencias sociales a que dan lugar las prácticas autoritarias del poder, lo que se expresa en la desnutrición, la carencia de atención médica, la falta de acceso a la educación y de oportunidades sociales. Lo que caracteriza así, a Guerrero, es una pauperización social y económica en un ámbito de lo público centralizado y jerárquico y, por tanto, sin capacidad de respuesta ante las demandas ciudadanas.

En nuestra opinión, es la ausencia de procedimientos e instituciones políticas con la capacidad de procesar las demandas sociales conforme a derecho lo que ha dado lugar, en el caso de Guerrero, a un acentuado atraso social y económico, puesto que al carecer de condiciones que permitan una participación política efectiva que incida tanto en la definición de los problemas como en la manera de resolverlos, se reproducen las condiciones de pobreza en la entidad.

En este sentido puede decirse que, en rigor, el atraso social y económico del estado sureño, como vimos también, era ya un hecho manifiesto en el marco del dualismo económico que produjo el porfiriato. Pero, tomando en consideración los rasgos del régimen político posrevolucionario, es decir su carácter corporativo, cerrado y autoritario, el propio régimen se convirtió en un factor decisivo con relación a las políticas que afectaban tanto lo económico como lo social, lo que dio lugar al control político de la entidad desde el poder central y también al agravamiento del atraso.

---

[5] *Cfr.* INEGI, *Guerrero. Cuadernos de Información para la Planeación*, México, 1990, p. 12.

Puede agregarse, además, que el crecimiento capitalista en México, bajo las condiciones del sistema político presidencialista y de partido de Estado, no solamente sacrificó el desarrollo político, sino que en razón de su carácter corporativo impulsó un crecimiento económico con una muy alta concentración del ingreso, rasgos que al reproducirse a nivel nacional dieron lugar a regiones con mayor atraso y pauperización, como es el caso del estado de Guerrero. Cabe mencionar aquí que de acuerdo con los indicadores de empleo, salud y alimentación, la entidad se ubica por debajo de la media del país, situándose entre las entidades con menor desarrollo de la República y con un nivel general de bienestar semejante al de los estados de Hidalgo y Chiapas.[6] Consideramos, en suma, que los problemas sociales y económicos de Guerrero están estrechamente relacionados con las estructuras políticas del país, sobre todo en lo que concierne a la tensión entre participación política y atraso económico como consecuencia de la carencia de procedimientos e instituciones que permitan procesar e impulsar de manera adecuada la demanda social.

---

[6] *Ibid.*, p. 11.

Tercera parte

El poder y el conflicto social y político en Guerrero

Ciudadanos inermes

Fue con la idea de los derechos como los hombres
definieron lo que eran la licencia y la tiranía
Alexis de Tocqueville, *La democracia en América*

En el proceso de constitución de un Estado fuerte y protagónico del desarrollo nacional, el "oficialismo revolucionario" favoreció, en Guerrero, los procedimientos de intermediación y control político, por ello promovió primero a los jefes de la revolución, como medio para afianzar su poder local, y posteriormente se valió de políticos civiles para impulsar una organización asociativa y clientelar. El carácter centralista de esa organización y el atraso económico del estado sureño dieron lugar también a la debilidad organizativa de los campesinos y, en consecuencia, a un clientelismo partidista y excluyente que propició la concentración del poder político local en reducidos grupos y la marginación de la gran masa de la población campesina.

De esta manera, la doble necesidad del régimen de controlar a los grupos sociales, pero de reivindicar también ciertas reformas como condición de legitimidad del mismo, se limitó, en el caso de Guerrero, al control de los campesinos como base política del régimen. Lo anterior ha dado lugar a una insatisfacción social y reclamos al poder local que suelen desembocar en la violencia política puesto que el clientelismo, inherente al régimen mexicano, se ha convertido en un obstáculo para la configuración de una relación estable "ciudadano-Estado" que permita procesar las demandas sociales en las condiciones constitucionales de un Estado de derecho.

En el primer capítulo de esta tercera parte habremos de referirnos a la conflictividad social y política que subyace a una estructura del poder carente de legitimidad constitucional. En el segundo capítulo, nos referiremos a los problemas que enfrentó una cultura cívica, heredera de las aspiraciones sociales de la revolución, respecto de un ejercicio del poder cerrado y autoritario. Y, por último, en el tercer capítulo habremos de referirnos a los problemas de participación electoral bajo las condiciones anteriores.

El 12 de marzo de 1998, cuando el dirigente de la Unión de Organizaciones de la Sierra del Sur (UOSS), Bertoldo Martínez Cruz, estaba a punto de obtener su libertad en Acapulco, Guerrero, se inició un nuevo proceso penal en su contra por los delitos de "motín, sedición, rebelión y conspiración". El nuevo proceso tenía su origen, en realidad, en las movilizaciones de ciudadanos que en reclamo de sus demandas tomaron el palacio municipal de San Marcos, en la región de la Costa Chica. Por ello Martínez Cruz adujo que

> ...el gobierno nos quiere tener aquí encerrados. Es parte de una estrategia para golpear y reprimir a la UOSS como fuerza política en el estado, y también una represalia por la lucha que hemos dado por la justicia en el caso de la matanza de Aguas Blancas, en la que logramos la caída del gobernador Rubén Figueroa.[1]

Recuérdese, al respecto, que los campesinos asesinados en Aguas Blancas (municipio de Coyuca de Benítez), el 28 de junio de 1995, eran miembros de la Organización Campesina de la Sierra del Sur (OCSS).

La intolerancia con que el gobierno del estado enfrenta las demandas opositoras tiene que ver con un ejercicio del poder circunscrito al partido oficial que, como dijimos, tiene como objetivo principal el disciplinamiento de la sociedad a través de sus organizaciones. De hecho, como lo muestra el caso de Bertoldo Martínez, los campesinos reconocen que las demandas que no se supeditan a los sectores del partido oficial tienen como consecuencia la represión. La intolerancia gubernamental con los movimientos disidentes puede explicarse por lo decisivo que ha sido para la hegemonía del partido oficial y del Ejecutivo

---

[1] *La Jornada*, 13 de marzo de 1998, p. 8.

el control oficialista de las demandas como condición de esa estructura de poder.

Lo anterior explica la manera en que el gobierno estatal enfrenta a las organizaciones ajenas al régimen corporativo, a las que juzga opositoras por lo que en vez de propiciar la participación ciudadana se les reprime, situación que tiende a generar conflictos políticos. Esto es revelador, también, de la carencia de institucionalización de los poderes locales conforme a la Constitución. Por ello su incapacidad para responder, con autonomía y de acuerdo con las leyes, a los intereses ciudadanos. Esta manera reiterada de proceder de las estructuras del poder local dio lugar, como veremos, al agravamiento de los conflictos sociales y políticos durante las décadas de los sesenta y setenta.

Entendemos aquí por "institucionalización" "el proceso por el cual adquieren valor y estabilidad las organizaciones y procedimientos",[2] lo que se manifiesta en instituciones que, al actuar conforme a las leyes establecidas constitucionalmente y a los derechos ciudadanos, obtienen el consenso social. De esta manera, uno de los criterios que hemos seguido para estudiar la estructura de poder en el estado de Guerrero, así como la forma de operar localmente del régimen político mexicano que surge de la revolución y se configuró a partir de 1929 con la integración del partido oficial (PNR-PRM-PRI), se refiere a la capacidad-incapacidad para responder a las demandas de la sociedad guerrerense en el marco de un Estado de derecho. Entendemos por Estado de derecho, de acuerdo con lo que hemos dicho, un Estado en el que los actos de administración pública son sometidos a un control jurisdiccional conforme a la Constitución.[3]

Se trata, así, de poder explicar tanto la peculiar institucionalización política a que dio lugar la formación del partido

---

[2] Samuel P. Huntington, *El orden político en las sociedades en cambio*, Paidós, Buenos Aires, 1990, p. 23.

[3] Norberto Bobbio, *El futuro de la democracia*, FCE, México, 1996, p. 115.

oficial, como la manera en que se han puesto en práctica, en el ejercicio del poder, los postulados sociales de la revolución. Debe destacarse, según vimos, que con la creación del partido oficial no se desea poner en práctica un sistema de partidos que permita la competencia plural y equitativa de los grupos sociales por el acceso al poder, sino más bien monopolizar la actividad política de la nación a través de un partido que integra, primero, a la totalidad de los partidos locales y, después, a la sociedad mexicana en su conjunto por medio de su carácter corporativo. La incorporación de las distintas fuerzas sociales de la nación a la acción del gobierno, además de moderar las demandas en favor de los intereses del régimen, impidió la construcción de un orden político fundado en el pluralismo. Se puede decir entonces que el partido oficial ha dado lugar a una forma de control y dominación por sobre los derechos políticos de los ciudadanos que transgrede, incluso, a la Constitución de 1917.

Las reglas no escritas del poder en Guerrero que el caciquismo político y la burocracia local se han encargado de reproducir, tienen su origen en una subordinación completa al Ejecutivo federal, lo que ha tenido como consecuencia un ejercicio del poder por encima de las leyes y cuyo objetivo prioritario es la reproducción del régimen y de sus intereses. En efecto, con el régimen de la revolución los gobernadores habrían de ser impuestos por el centro, dando lugar así a una estructura vertical de poder, por lo que la sumisión de las autoridades estatales al Ejecutivo federal se ha convertido en uno de los rasgos predominantes de la estructura del poder local. A partir de la imposición de Gabriel R. Guevara por Plutarco Elías Calles, y sobre todo de Rafael Catalán Calvo por Manuel Ávila Camacho, el acceso a la gubernatura ha respondido a esta circunstancia, situación que se pone de manifiesto, por ejemplo, en los informes de los gobernadores. Así, Rubén Figueroa Figueroa en su primer informe de gobierno se dirigió al representante del presidente Luis Echeverría, Mario Ramón Beteta, en los siguientes términos:

Señor Secretario: Rogamos sea el digno conducto para expresarle al señor Presidente de la República nuestra ilimitada gratitud por su constante preocupación por Guerrero, por su interés y su pasión para servirlo de manera tan eficaz. Le rogamos decirle que los guerrerenses estamos dispuestos a aprovechar su apoyo; que es para nosotros como tesoro que no habremos de dilapidar; que procuramos hacernos dignos de él...[4]

El mismo tono de subordinación se manifestó en el tercer informe del gobernador anterior a Figueroa Figueroa, Israel Nogueda Otero, no obstante las profundas diferencias que ya tenía tanto con el gobierno federal como con quien entonces fungía como vocal ejecutivo de la Comisión del Río Balsas, Rubén Figueroa Figueroa. En efecto, Nogueda Otero expresó en dicho informe: "El Señor Presidente de la República visitó en tres ocasiones nuestro estado; su presencia fue de gran estímulo para el pueblo y el Gobierno de Guerrero. Él ha mostrado siempre una gran comprensión hacia nuestros problemas y su palabra nos sirve en todo momento de orientación".[5]

La subordinación de los poderes locales en los términos en que se ha manifestado, incluso en los informes de los gobernadores, nos muestra que el ejercicio del poder político en el estado se funda en una lealtad incondicional al presidente y, por lo tanto, en un ejercicio del poder por encima de las normas constitucionales que tiene como objetivo prioritario la reproducción de los intereses del régimen. Lo que se produjo de esta manera, y cada vez más acentuadamente, fue la corrupción y la ineficacia social de los poderes públicos. La política local se convirtió, así, en un medio para beneficiarse económicamente por la arbitrariedad con que se ejerció. La carencia de controles

---

[4] Primer Informe de Gobierno rendido ante la XLVIII legislatura local el 1 de abril de 1976. Gobierno del Estado de Guerrero.

[5] Tercer Informe de Gobierno de Israel Nogueda Otero, 1 de abril de 1974, Centro de Documentación e Informes, Chilpancingo, p. 4.

institucionales y atentos a la opinión pública ha favorecido la corrupción, puesto que las decisiones se toman a voluntad de la burocracia política sin formalizar ni transparentar las reglas de decisión. La inexistencia de un Estado de derecho y, en consecuencia, de un sistema eficaz de rendición de cuentas en el marco de la separación de poderes ha dado lugar a una corrupción generalizada del mismo. Tales prácticas del poder político local han generado inestabilidad social y han repercutido negativamente, como vimos, en el crecimiento económico de la entidad.

La inexistencia de procedimientos y organizaciones políticas que, bajo control jurisdiccional, procesen las demandas ciudadanas, se ha convertido en el terreno propicio para poner en práctica, en el mejor de los casos, programas sociales clientelares de muy restringido alcance y dar lugar, como contraparte, a la falta de oportunidades y de bienestar social, produciéndose así una correlación entre frustración social e inestabilidad política. Es en este sentido que se vinculan también la estructura de poder local y el conflicto social y político en Guerrero.

La pauperización de la gran mayoría de la población guerrerense se convirtió en un factor consustancial a esa estructura de poder cerrada y autoritaria porque ha permitido la manipulación del voto y de los derechos ciudadanos, lo que hace que resulte extremadamente difícil procesar las reivindicaciones sociales por medios institucionales. Se trata de un sistema, como vimos, presidencialista y autoritario y con un uso discrecional del poder que se reprodujo, también, a través de los gobernadores de los estados, anulando en este caso el carácter y contenido del municipio hasta convertir a los funcionarios municipales en extensiones del gobierno estatal, como el propio gobernador lo es del presidente de la República. Como hemos insistido, en Guerrero los procedimientos de intermediación política en favor del régimen han sido la matriz misma de la formación, desarrollo y consolidación de los grupos de poder estatales, como ocurrió con los Neri o bien con los Figueroa durante y después de la revolución, lo que ha tenido como consecuencia la exclusión social y política de los guerrerenses y en muchos casos, incluso, la inhabilitación de sus derechos jurídicos.

Por lo anterior, consideramos que la violencia social y la inestabilidad política que de forma cotidiana se manifiestan en Guerrero suelen obedecer a causas directamente políticas o bien al carácter e insuficiencias institucionales de la estructura del poder local, es decir, a la inexistencia de instituciones legales que permitan la defensa y la promoción de los derechos ciudadanos en un ámbito de estabilidad social. Ello ha traído consigo, además, una degradación progresiva de la vida pública que ha dado lugar a que en el estado el número de muertes por homicidios y lesiones inflingidas intencionalmente por otra persona sea la causa principal de las defunciones accidentales.

Principales causas de las defunciones accidentales violentas[6]

Homicidio y lesiones inflingidas intencionalmente por otra persona	49.4%
Otros accidentes, incluso los efectos tardíos	24.0%
Accidentes de transporte	16.1%
Caídas accidentales	4.7%
Resto de causas	5.8%

La inermidad distingue a la ciudadanía y la carencia de institucionalidad al gobierno local, al que también se cuestiona por ser el resultado de órdenes y designaciones desde el centro. Paradójicamente, fue el gobernador Rubén Figueroa Figueroa

---

[6] Fuente: INEGI, *Anuario estadístico del estado de Guerrero*, México, 1997, p. 347. El mismo Instituto reportó en 2018 64 homicidios por cada 100 mil habitantes en la entidad, registrándose cifras aún más altas en 2012 (76), 2016 (72) y 2017 (73). A nivel nacional el registro es de 22, 20, 26 y 29 homicidios por cada 100 mil habitantes en 2012, 2016, 2017 y 2018, respectivamente.

quien en una abierta confrontación con Nogueda Otero ofreció, en los difíciles momentos para los poderes locales que siguieron al movimiento guerrillero y a la liberación de Rubén Figueroa el 8 de septiembre de 1974, una descripción paradigmática de esta situación.

En efecto, en su primer informe de gobierno, Rubén Figueroa Figueroa, y después del interinato de dos meses que precedió a su administración, afirmó:

> Nuestro estado era un caos, así en lo político como en lo económico, igual en lo social que en lo moral. El principio de autoridad estaba absolutamente relajado, lo que permitió la expansión de tendencias anarquizantes, abiertamente delictivas, que la autoridad estatal, lejos de reprimir con la fuerza de la ley toleró y aun acabó por coludirse con ellas para sus fines inconfesables... el orden jurídico se vio quebrantado desde sus bases, con autoridades entregadas al peor desenfreno, irresponsables y corruptas, indiferentes al cumplimiento de su deber pero atentas al uso del poder para la realización de actos ilícitos y escandalosos. Esta grave situación fue lo que decidió a la comisión permanente del H. Congreso de la Unión, el 30 de enero de 1975, a declarar desaparecidos los poderes del Estado.[7]

En ese mismo informe, Figueroa Figueroa señalaba que el desquiciamiento del orden institucional que llevó a tomar aquella decisión se produjo en un marco de inseguridad pública, violación a la ley, desorden administrativo y, por lo tanto, de alteración del desarrollo:

> Casi nadie combatía el caciquismo. Los campesinos, dejados a su suerte, producían como podían y vendían como no hubieran querido atrapados por el prestamista y el acaparador... Funcionarios locales, encargados de resolver estos problemas,

---

[7] Primer Informe de Gobierno rendido ante la XLVIII legislatura local, 1 de abril de 1976, Gobierno del Estado de Guerrero.

se preocuparon mayormente por hacer alianzas con grupos oligárquicos nacionales y empresas transnacionales, responsables del colonialismo interno y externo que afecta a Acapulco.[8]

Cabe subrayar que, además de la descripción que el propio gobernador del estado ofreció sobre el ejercicio del poder en Guerrero como subordinado a las voluntades caprichosas de quienes lo detentan y ajeno a la práctica institucional de equilibrio de poderes, las palabras de Rubén Figueroa Figueroa son también reveladoras de los conflictos que han prevalecido entre los grupos locales. En efecto, en ocasión de la visita del presidente Luis Echeverría Álvarez a Iguala y Huitzuco el 27 de junio de 1973, se manifestaron abiertamente las rencillas entre el gobernador del estado Israel Nogueda Otero y quien entonces fungía como vocal ejecutivo de la Comisión del Río Balsas, Rubén Figueroa Figueroa. En esas condiciones, el Presidente tomó partido por el vocal ejecutivo y en su discurso en Huitzuco cuestionó las prácticas políticas de la familia Nogueda Otero, señalando que "A veces... con esa gran transformación económica que los atractivos del turismo ofrecen en el maravilloso Acapulco, algunos en el pasado cometieron el error de inmiscuirse en negocios que afectaron a los campesinos".[9] Luis Echeverría se refería así a Roberto Nogueda, padre del gobernador Israel Nogueda Otero, pero en tanto que se trataba de un conflicto entre miembros de la propia "familia revolucionaria" se expresaba también una actitud política, la del presidente, decidida a recriminar sin aplicar la ley, es decir, se manifestaba otro de los rasgos característicos del régimen: la impunidad y la discrecionalidad en la aplicación de la ley. Nogueda fue destituido cuando así convino a los intereses políticos federales y locales, el 30 de enero de 1975.

---

[8] *Idem.*

[9] José C. Gutiérrez Galindo, *Rubén Figueroa. Permanencia de una revolución en Guerrero*, Costa-Amic, México, 1974, p. 171.

En las anteriores circunstancias puede explicarse que la gestión gubernamental de Rubén Figueroa Figueroa (1975-1981) haya sido abiertamente un ejercicio del poder en nombre de los poderes centrales, ya que Figueroa Figueroa, siguiendo las reglas del régimen, se ostentó como muy cercano y leal al presidente Luis Echeverría Álvarez. De igual manera, Rubén Figueroa Alcocer habría de presumir una relación estrecha con el presidente Ernesto Zedillo. Los comicios en los cuales ambos resultaron electos fueron localmente cuestionados por las manipulaciones de que fue objeto el voto y por la utilización de recursos federales y estatales durante sus respectivos procesos electorales. Además, en el caso de Figueroa Alcocer, no obstante el uso indiscriminado de esos recursos se puso en cuestión la legitimidad de su gobierno por la abrupta caída en la participación electoral. La impugnación de los comicios se prolongó hasta después de su toma de posesión, el 1 de abril de 1993.

El proceder de los poderes políticos en Guerrero, ajeno a un Estado de derecho y donde prevalecen las lealtades al régimen que se concentran en el Ejecutivo y se reproducen a través de las fórmulas del partido de Estado, ha dado lugar a una ininterrumpida cadena de hechos violentos en la entidad. La gravedad de algunos de ellos logró atraer la atención de la opinión pública nacional, lo que hizo posible una cierta eficacia de las manifestaciones políticas locales, como ocurrió con el caso de Aguas Blancas en 1995.

Los problemas de violencia social e inestabilidad política en la entidad se agudizaron en los años sesenta, época en la cual se manifestó con particular claridad el carácter y contenidos de la estructura del poder local. En efecto, en esa década se presentó un conjunto de factores que dieron lugar a una coyuntura política en la que se manifestaron agudamente los conflictos del régimen en Guerrero. Incluso entonces distintas regiones del país recogieron y expresaron situaciones antiautoritarias semejantes al movimiento estudiantil de 1968. Las circunstancias producidas con la guerrilla y con las acciones de Genaro

Vázquez y Lucio Cabañas volvieron a ubicar a Guerrero dentro del marco de la historia política nacional en lo que parece ser una circunstancia extrema, pero que en realidad, como hemos visto, puede explicarse por el conjunto de condiciones políticas y sociales que se han generado al interior del propio régimen.

La década de 1960 se inició con un movimiento social que se gestó sobre todo en la capital, Chilpancingo, pero que luego se extendió a otras localidades del estado como Tixtla, Chilapa, Zumpango del Río, Taxco, Apango, Huitzuco, Tenango del Río y Tierra Colorada. En 1960 se había constituido la Asociación Cívica Guerrerense, integrada por opositores políticos entre quienes destacaba Genaro Vázquez Rojas, y cuyo propósito era reclamar por vías legales la desaparición de poderes del estado e impulsar, así, un proceso de participación ciudadana en las estructuras del poder local.

Este movimiento, que alcanzó una amplia solidaridad ciudadana en el estado, se concretó en acciones de desobediencia civil y logró, en el mes de diciembre de ese año, que 11 ayuntamientos desconocieran al gobierno de Raúl Caballero Aburto y que otros muchos anunciaran "su inminente unión a la causa anti-aburtista". El movimiento logró también la huelga de pagos de los contribuyentes de Chilpancingo, Chilapa, Zumpango del Río, Taxco, Apango, Huitzuco, Tierra Colorada, Tixtla, Tenango del Río, La Unión y Coahuayutla, además de que el pequeño y el gran comercio solo trabajaran a determinadas horas del día.[10]

La intolerancia y sobre todo la incapacidad institucional del gobierno frente a las demandas opositoras llegó a un extremo tal que los poderes federales y estatales recurrieron al ejército, propiciando la represión del movimiento civil, con un saldo de 13 personas y 37 lesionadas, el 30 de diciembre de 1960. En efecto, según lo destacaba el diario *Excélsior* del 31 de diciembre de

---

[10] *Excélsior*, 30 de diciembre de 1960.

1960, el año culminaba en el estado de Guerrero con un "zafarrancho en Chilpancingo".

> Trece muertos y treinta y siete heridos hubo esta tarde aquí [30 de diciembre], cuando elementos del 6º. y 24º. batallones del Ejército sostuvieron un encuentro a tiros con ciudadanos de esta capital. Durante treinta minutos se combatió en la calle de Guerrero, frente a la alameda "Granados Maldonado" y a la Universidad del Estado. Se dispararon ametralladoras, máuseres y pistolas. El número exacto de muertos y heridos fue proporcionado a *Excélsior* por el agente del Ministerio Público Federal, licenciado Roberto García Garzón.[11]

El testimonio es elocuente: se trató de un hecho en el que se manifestó abiertamente la intolerancia y la forma de proceder del poder local, lo que llevó a un enfrentamiento entre los ciudadanos y el ejército, produciéndose la represión como respuesta a sus demandas. Con relación a los mecanismos de poder locales que dieron lugar a la violencia política, es necesario también insistir en que entre 1940 y 1960 el régimen mexicano confirmó sus características e insuficiencias institucionales en favor de una instancia última e inapelable de las iniciativas políticas —la presidencia de la República— cuyas facultades constitucionales y metaconstitucionales trascendieron a los demás poderes, incluyendo, por supuesto, el de los gobernadores. La centralización de las decisiones y el carácter clientelar del régimen impidieron, como vimos, las manifestaciones y demandas ajenas a esa estructura de poder. Las negociaciones, en su conjunto, debían darse dentro de los márgenes de la misma a través de sus procedimientos informales, de su partido y de sus organizaciones corporativas. Lo que no correspondía a esas prácticas se exponía a la represión, como ocurrió en 1958 con las huelgas de los ferrocarrileros a nivel nacional.

---

[11] *Excélsior*, 31 de diciembre de 1960.

Respecto a las prácticas del poder político en Guerrero que antecedieron a la violencia, conviene mencionar que el 1 de abril de 1960 el gobernador del estado, Raúl Caballero Aburto, en su tercer informe de gobierno anunció la creación de la Universidad de Guerrero. En realidad, se trataba únicamente de transformar el antiguo Colegio del Estado en Universidad, con lo que por disposición gubernamental el director del Colegio pasó a ser el primer rector. El 19 de octubre de ese año, los estudiantes llevaron a cabo la primera huelga universitaria exigiendo la autonomía. En esas fechas, también, Genaro Vázquez y el movimiento de los "cívicos" reclamaban la desaparición de los poderes de la entidad.

Ante la intransigencia del gobierno estatal para conceder la autonomía, el 2 de noviembre los estudiantes se unieron a la demanda de desaparición de los poderes en el estado. El movimiento antigubernamental, con un amplio apoyo ciudadano, se extendió así a varios municipios que proclamaban el desconocimiento de las autoridades. El 23 de noviembre el ejército rodeó el edificio universitario y, el 30 de diciembre, se produjo el enfrentamiento del ejército con la ciudadanía con las consecuencias que mencionamos.

Como se puede ver, la violencia política tuvo su origen en el carácter de las instituciones y en los procedimientos del gobierno local, a quien en este caso le resultaba inaceptable impulsar un auténtico proyecto de educación superior en el estado sin su tutela, puesto que la universidad fue creada como si se tratara de una instancia más de la esfera del poder local. Y ante la negativa al reclamo de una universidad autónoma, el movimiento antigubernamental fue sumando el conjunto de inconformidades inherentes a los procedimientos "oficiales" del gobierno del estado, es decir, reclamos en favor de los derechos y de la justicia social, reclamos por una auténtica impartición de justicia y, en el caso de Caballero Aburto, la demanda de acabar con su nepotismo y con la corrupción de su régimen.

El movimiento social y las contradicciones internas del régimen dieron lugar a la caída del gobierno de Caballero Aburto. El Senado emitió al respecto el siguiente dictamen:

I. Es profundo e irreparable el desajuste políticosocial entre el pueblo de Guerrero y las personas integrantes de los poderes del gobierno local del estado. Se ha producido una incomprensión recíproca entre gobernantes y gobernados, de tal naturaleza que hace imposible entre ellos toda relación humana, social y constitucional, la cual es indispensable para la existencia del orden político y para la vigencia de la libertad de los individuos y de los grupos que integran a la sociedad guerrerense... III... es evidente que los poderes locales del estado de Guerrero han dejado de tener existencia real y jurídica... porque la sociedad guerrerense ha llegado a un estado de tensión, inconformidad y repudio de dichas personas de una intensidad tal, que impediría por completo la restauración del orden normal, el funcionamiento de los órganos de la autoridad y la vigencia de libertad indispensable para el funcionamiento del régimen democrático, representativo y popular dentro de la Constitución de aquella entidad y de la general de la República.[12]

Formalmente se adujo que se estaba ante un caso en el que los gobernantes, por la pérdida de autoridad moral y consecuentemente de toda autoridad política, eran rechazados por su pueblo, lo que llevó a la Comisión Permanente del Congreso de la Unión a declarar la desaparición de los poderes del estado de Guerrero el día 4 de enero de 1961 y a designar como gobernador provisional, de una terna en la que aparecía otro miembro de la familia Figueroa (Ruffo Figueroa, hermano de Rubén Figueroa Figueroa), a Arturo Martínez Adame. Por sus características, el movimiento cívico guerrerense puede ser ubicado como un antecedente del movimiento estudiantil de 1968, en tanto que expresaba la aspiración de conquistar, para distintos

---

[12] *Excélsior*, 5 de enero de 1961.

grupos sociales, el derecho a organizarse con autonomía fuera de la tutela del Estado.

Conviene subrayar aquí que la hegemonía política del régimen descansó en su capacidad de monopolizar, pero también de canalizar el clientelismo político. Por ello, este clientelismo pudo constituirse en recurso de articulación y satisfacción de las demandas reconocidas por el oficialismo como legítimas. El reformismo del régimen no se fundó en el reconocimiento de derechos, sino en la concesión de prebendas y privilegios. Esto último dependió, sin embargo, de la capacidad de organización y presión de los sectores sociales, lo que explica que en el caso de Guerrero, donde privó el atraso económico y la postración de las comunidades rurales, lo decisivo haya sido el control político y no la canalización de las demandas. En ese sentido, es a partir de los años cuarenta y cincuenta cuando comenzaron a manifestarse los problemas estructurales del régimen, pues no obstante el crecimiento económico que se consiguió en el país en función de la coyuntura internacional, en Guerrero, como dijimos, más que impulsar un desarrollo económico, la nueva estructura del poder dio lugar sobre todo a la manipulación de los campesinos como votantes cautivos y a la postración del medio rural.

Lo anterior contribuye a explicar, también, que las manifestaciones campesinas se hayan radicalizado, terminando frecuentemente de manera violenta. La supeditación de los ejidatarios a las organizaciones oficialistas estableció las bases para un partido oficial hegemónico, pero incapaz de favorecer el desarrollo social. La década de los años sesenta se caracteriza, en el estado y en el país, por la persistencia de las prácticas corporativas establecidas y por la carencia de respuestas del sector público frente a las presiones de los nuevos actores políticos y sus demandas. Guerrero ha sido así uno de los escenarios peculiares del acontecer político de la nación, porque ha sido allí, dado su atraso, donde se han expresado con mayor agudeza las contradicciones internas del régimen político. Su rezago económico y social, como vimos en la segunda parte, y las prácticas del poder local, han propiciado repetidos conflictos sociales por la inconformidad que se ha manifestado frente a la imposibilidad de procesar las demandas sociales a través de instituciones y procedimientos legales. Los conflictos políticos que en este entorno se produjeron entre 1967 y 1975, en particular las guerrillas, constituyen la expresión extrema de las contradicciones sociales que antes mencionamos y que en gran parte propiciaron que el 1 de diciembre de 1976, el nuevo presidente de la República, José López Portillo, ofreciera en su discurso de toma de posesión una reconciliación política nacional.

En el origen de la guerrilla local se relacionan las condiciones sociales y políticas inherentes a la vida pública del estado de Guerrero. En efecto, tanto en el caso de Genaro Vázquez Rojas (1937-1972) como en el de Lucio Cabañas Barrientos (1938-1974), las demandas que dieron origen a sus movimientos tienen que ver con los problemas campesinos y con el reclamo a la atención de ciertos derechos básicos: "Genaro fue orillado a tomar las armas, empezó con la Constitución en la mano pidiendo y reclamando para los campesinos, los copreros y los cafeticultores, pero nadie lo escuchó, nadie dio cabida a sus protestas y tuvo que tomar las armas".[13] La insuficiencia de las estructuras del poder local para procesar dichas demandas y sus procedimientos autoritarios contribuyeron entonces, de manera decisiva, a la radicalización de esos movimientos políticos.

Tanto Genaro Vázquez como Lucio Cabañas participaron, a principios de los años sesenta, en los movimientos ciudadanos con la pretensión de plantear sus reclamos dentro de los marcos del propio régimen político. La intolerancia gubernamental contribuyó a la radicalización de sus demandas y a la acción política clandestina, ya que Lucio Cabañas inició la lucha como consecuencia de un mitin político escolar celebrado en Atoyac que terminó violentamente y con varias muertes por la intervención

---

[13] Testimonio de Consuelo Solís recogido en *Proceso*, núm. 1162, 7 de febrero de 1999, México, p. 30.

de la policía del estado el 18 de mayo de 1967. Como lo manifestó el propio Cabañas,

> ...su lucha empezó en 1967... Fue precisamente... un día lunes 18 de mayo de 1967 cuando en Atoyac... luchábamos contra los de la escuela, porque no se cobraran cuotas... Y allí unimos la lucha contra la compañía maderera y la lucha contra el gobierno, contra el ayuntamiento, contra los grandes comerciantes; la lucha contra la directora es una lucha que abarca todo.[14]

De manera semejante, Genaro Vázquez pasó a la clandestinidad y a la lucha armada al ser rescatado de la cárcel por un grupo guerrillero. Vázquez había sido detenido el 11 de noviembre de 1966 en la Central Campesina Independiente de la Ciudad de México —siendo conducido a la capital del estado, Chilpancingo, y posteriormente a la ciudad de Iguala— como consecuencia de su participación en la contienda electoral que se efectuó a raíz de que la administración de Arturo Martínez Adame (quien sustituyó a Raúl Caballero Aburto) convocó a elecciones en 1962.

La participación de Genaro Vázquez en esa contienda electoral es reveladora de sus convicciones políticas hasta ese momento. Luego de las elecciones de diciembre de 1962, los "cívicos" se manifestaron contra el fraude electoral, dando lugar a la represión que se produjo en Iguala. Genaro Vázquez Rojas, el Movimiento Cívico Guerrerense y el Partido Popular Socialista habían lanzado como candidato a la gubernatura a José María Suárez Téllez. Convencidos de que los comicios habían sido fraudulentos, los llamados "cívicos" convocaron a un mitin el 31 de diciembre en Iguala. La policía intervino y se produjo una nueva situación de violencia política, lo que causó la muerte de siete personas y la aprehensión de 196, entre ellas el can-

---

[14] Luis Suárez, *Lucio Cabañas, el guerrillero sin esperanza*, 8ª. ed., Roca, México, 1978, pp. 315-317.

didato a gobernador Suárez Téllez que estuvo preso hasta el 26 de octubre de 1963. Vázquez Rojas logró escapar siendo condenado en ausencia a 30 años de prisión. Por esta razón su aprehensión en México en 1966.

La Asociación Cívica Guerrerense pediría al gobierno de la federación

> ...que preside el Lic. Díaz Ordaz, la intervención para que con base en las facultades que le concede la Constitución General de la República y en conjunto con los demás Poderes Federales, se decrete la desaparición de Poderes en el Estado... Reiteramos que estamos en espera de la respuesta justiciera del Gobierno de la República.[15]

La demanda al propio Presidente de la República resulta además ilustrativa de que incluso para los movimientos opositores el centralismo de las decisiones era un hecho manifiesto.

Tanto en el caso de Lucio Cabañas, como en el de Genaro Vázquez, se trató de líderes sociales de origen campesino y que se formaron como profesores normalistas en un ambiente ideológico todavía heredado del cardenismo y sus pretensiones de una escuela socialista. Lucio Cabañas en la Escuela Normal de Ayotzinapa en Tixtla, Guerrero, y Genaro Vázquez en la Normal de la Ciudad de México. Es también común a ellos, como dijimos, el que sus demandas buscaron plantearlas, inicialmente, a través de medios institucionales y bajo la perspectiva política de movimientos ciudadanos.

El hecho de que las demandas políticas frecuentemente hayan terminado en violencia nos muestra, en suma, que el ejercicio del poder en Guerrero se ha visto circunscrito a instituciones subordinadas no a la ley, sino al carácter clientelar y monopólico del régimen. Esto último explica también que la presencia de partidos políticos opositores haya sido extremadamente es-

---

[15] Antonio Aranda Flores, *Los cívicos guerrerenses*, s. e., México, 1979, p. 43.

casa, de forma tal que no fue sino hasta las elecciones de 1980 cuando el Partido Comunista Mexicano (PCM) logró obtener el ayuntamiento de Alcozahuca, municipio de 12 mil habitantes ubicado en la Montaña, la región más pobre del estado.

De esta manera, la sucesión de los poderes públicos se restringió a las esferas del propio régimen. Es allí donde se dirimieron los relevos del poder en Guerrero, manteniendo una actitud casi siempre ajena a los intereses de la ciudadanía del propio estado. Se trata en el caso del gobernador, como dijimos, de designaciones decididas por el Ejecutivo federal, desde el centro de los poderes políticos y en circunstancias, además, ajenas al estado que habrán de gobernar. Por ello estas designaciones suelen desembocar fricciones internas que, como vimos, en muchas ocasiones fueron resueltas con la destitución.

En nuestra opinión, la violencia e inestabilidad que se han suscitado reiteradamente nos muestran una de las realidades persistentes del país, lo que en el caso de Guerrero ha sido una constante: la pobreza y desigualdad y una forma de practicar la política que, por su carácter clientelar, lleva de manera indefectible a la exclusión de las mayorías, a la politización de la miseria y a la violencia. Tras la muerte de Lucio Cabañas el 2 de diciembre de 1974, el gobierno del estado prometió una era de paz, reconciliación y progreso. Los hechos de Aguas Blancas, 21 años después, nos vuelven a la realidad política de esa entidad: la intolerancia de los poderes locales a cualquier forma de manifestación política que ponga en cuestión su "legitimidad". Los procesos electorales mismos se han convertido en motivo de conflicto por las condiciones de manipulación del voto que siguen imperando.

Como resultado del autoritarismo político y de la carencia de instituciones públicas eficaces, se acentúa la fragmentación de la sociedad guerrerense. La ideología de la revolución generó la expectativa del desarrollo social, pero la concentración del poder favoreció la polarización del ingreso y la injusticia social. Por ello, el patrón de comportamiento de la burocracia y del partido oficial dio lugar a la represión política en muchos casos y a la imposibilidad de la competencia por el poder, con lo que en ciertas regiones del país, como en Guerrero, se fue generando un distanciamiento entre ciudadanos y el funcionamiento real de los poderes en todos los niveles del gobierno. Ello propició también, como ocurrió en Guerrero, que los campesinos que carecen de tierra, sin oportunidades de empleo y con niveles de vida que van descendiendo, se rebelen políticamente.

Si en 1961 se afirmó que los crímenes políticos ocurridos en Guerrero tenían su origen en la peculiaridad de un régimen incapaz de comprender y asumir los deseos y necesidades de la sociedad mexicana, y que el autoritarismo político que de esa manera se gestaba partía de "su falta de confianza en el pueblo... su rigidez... su incapacidad para abrir los ojos a la transformación política, moral de conciencia, que está teniendo lugar en México",[16] en realidad se trataba de la descripción de un régimen cuya dinámica interna obedece, en lo esencial, al propósito de mantenerse en el poder convirtiendo a la política en un recurso que beneficia a los menos y a quienes participan de la administración pública, pero que excluye a los grandes sectores de la población nacional. Es esa lógica interna del poder la que ha dado lugar a prácticas políticas cada vez más autoritarias y ajenas a los intereses sociales de la ciudadanía. Si las formas autoritarias y arbitrarias del ejercicio del poder en Guerrero han generado también manifestaciones extremas de violencia social y política, los obstáculos al cambio tienen que buscarse en la carencia de instituciones y procedimientos políticos (como un sistema de partidos plural y competitivo) que encaucen las demandas sociales con autonomía y eficacia.

Puede decirse, en suma, que sobre todo después de 1960 el sistema político mexicano se rezagó respecto de las demandas y necesidades de la sociedad en su conjunto. El régimen político,

---

[16] Carlos Fuentes, "Guerrero: ¿Quién es el responsable?", en *Y el pueblo se puso de pie. La verdad sobre el "caso Guerrero"*, de José C. Gutiérrez Galindo, Logos, México, 1961, p. 186.

fincado en el supremo arbitraje presidencial y en un pacto vertical y centralizado, no responde ya a las necesidades que hoy imperan en la sociedad. Pero este rezago es más grave aún en algunas regiones del país. Si los cambios que se requieren son contrarios a toda forma de poder ejercida de manera patrimonial y autoritaria, en el caso de Guerrero romper la lógica misma de ese sistema es condición indispensable para cualquier transformación social y política.

Cultura cívica y estructuras de poder autoritarias

> *¿Qué puede la misma opinión pública, cuando no existen ni* veinte *personas unidas por un vínculo común, cuando no se encuentra ni un hombre, ni una familia, ni un cuerpo, ni una clase, ni una asociación, que puedan representar y hacer actuar a esa opinión; cuando cada ciudadano, siendo igualmente impotente, igualmente pobre, y estando igualmente aislado, no puede oponer sino su debilidad personal a la fuerza organizada del gobierno?*
> Alexis de Tocqueville, *La democracia en América*

Hemos hablado a lo largo de nuestro trabajo del incumplimiento de las normas constitucionales como una de las razones que explican la inestabilidad y la violencia política en Guerrero, sobre todo porque el comportamiento discrecional del gobierno local y de sus instituciones impide que la estructura de poder en su conjunto actúe con autonomía y eficacia. En este sentido, consideramos que las condiciones de estabilidad política se alcanzarían, en principio, con el reconocimiento ciudadano de la legalidad en las acciones del gobierno, es decir, con el consenso ciudadano de que las instituciones del gobierno no actúan bajo el arbitrio de la clase política, sino más bien bajo las condiciones de una legitimidad constitucional.

En el capítulo anterior también señalamos que a fines de 1960 se produjeron una serie de conflictos políticos en Guerrero que desafiaron la legitimidad del régimen, mostrando su carácter autoritario, y marcaron a la vez el inicio de dos décadas de aguda conflictividad en la entidad y pusieron de manifiesto las insuficiencias de los poderes locales en cuanto a su capacidad para responder a las demandas ciudadanas. La inconformidad social tuvo su origen, también, en la crisis económica que se extendió al estado como resultado de los graves problemas de la agricultura local, así como de las consecuencias que tuvo el modelo de industrialización con sustitución de importaciones impulsado por el régimen político a partir de los años cuarenta y que, en el caso de Guerrero, exacerbó las contradicciones sociales.

Recuérdese, también, que en el capítulo anterior afirmamos que el movimiento de 1960 en Guerrero constituye un primer testimonio de inconformidad generalizada frente a los procedimientos cerrados del régimen, por lo que puede situarse dentro de los movimientos nacionales que en la década de los años sesenta reclaman hacer valer los derechos ciudadanos en el marco de la Constitución.

La demanda central de la ciudadanía guerrerense consistía en el reclamo de que el gobierno se apegara a la Constitución y a los principios sociales de la revolución:

> …Guerrero, con su lucha denodada, inquebrantable y firme por el derrumbamiento de un régimen y de un gobernante espurios y odiados por el pueblo, está conquistando el derecho para todos los ciudadanos de este país a echar por la borda a todos los malos gobernantes de México y aunque de momento en apariencia este derecho constituya un peligro para las instituciones establecidas, en realidad si se considera que las nuevas generaciones que están dando la batalla al frente de su pueblo son el producto auténtico de la evolución política de México y el resultado de una preparación intelectual y moral que han recibido como fruto precisamente de la Revolución mexicana, el peligro ha de verse menor porque constituye la consecuencia inevitable del progreso cívico de México.[1]

Al describir el movimiento social de los años sesenta en el estado de Guerrero como el resultado inevitable del progreso cívico de México, José Gutiérrez Galindo sitúa dicho movimiento en la perspectiva de lo que para Gabriel Almond y Sidney Verba define a la cultura política mexicana durante esos años. En efecto, de acuerdo con Almond y Verba lo que más llamaría la

---

[1] José C. Gutiérrez Galindo, *Y el pueblo se puso de pie. La verdad sobre el "caso Guerrero"*, Logos, México, 1961, p. 149.

atención en la cultura política mexicana de los años sesenta serían las inconsistencias debido a la inadecuación entre las aspiraciones políticas del ciudadano mexicano y las realizaciones de su gobierno, por lo que el sentido de participación que habría existido se presentaba de manera independiente al grado de satisfacción por las acciones administrativas del mismo.

Al respecto, se destaca que, no obstante que la Revolución mexicana representó una ruptura con el pasado porque el gobierno empezó a influir materialmente sobre la población, han persistido la corrupción y el espíritu autoritario, lo que ha dado lugar a una ambivalencia de las relaciones de autoridad: "los mexicanos han tenido experiencia directa con las autoridades burocráticas y rechazan esa autoridad como corrompida y arbitraria".[2] Los mexicanos interrogados en el estudio de Almond y Verba, que incluye a otras cuatro naciones, manifiestan niveles relativamente elevados de competencia política subjetiva, pero esta no va acompañada por las realizaciones del régimen político.

Por ello, la cultura política mexicana habría representado un desequilibrio entre el compromiso y sus resultados, lo que Almond y Verba explican en parte porque los mexicanos han sido expuestos a una ideología revolucionaria que concede un alto valor a la participación política y da lugar a un nivel relativamente elevado de afecto hacia el sistema, especialmente vinculado por los símbolos de la Revolución mexicana: "La exposición a tales normas puede crear una tendencia a la sobreestimación de la propia competencia; una tendencia a confundir las aspiraciones con las realidades".[3] Se trata de un tipo de cultura "aspirativa" que, si bien se reconoce en el "mito de la revolución benigna" y en sus símbolos, no encuentra su contraparte en las realizaciones administrativas del gobierno.

---

[2] Gabriel Almond y Sidney Verba, *La cultura cívica*, Euramérica, Madrid, 1970, p. 468.

[3] *Ibid.*, p. 469.

En efecto, como pareciera ser el caso, durante el movimiento cívico de 1960 se reclamaron la desaparición de poderes en el estado de Guerrero y también demandas sociales. Pero se demanda asimismo el "respeto absoluto a la Constitución General de la República y en particular a la del estado de Guerrero, con el objeto de que se respete la autonomía del municipio libre, como dispone el artículo 115 de la Constitución", e incluso se llegó a reconocer que dentro de la mecánica política de México, "el movimiento insurreccional contra Caballero Aburto, no podía triunfar cuando lo acaudillaban o patrocinaban ostensiblemente elementos no pertenecientes al partido oficial".[4]

Puede decirse así que lo que se ha reivindicado, en sentido estricto, es el apego de los gobiernos a los principios que originalmente había proclamado el régimen mexicano. La cultura política de la entidad, como la del país, se ha caracterizado, en consecuencia, por los desequilibrios e inconsistencias entre las aspiraciones del ciudadano y las realizaciones del gobierno.

El carácter aspirativo de la cultura política mexicana de los años sesenta mostraba, en nuestra opinión, que los fines sociales de la revolución tenían pleno sentido para la población. No obstante, dados los conflictos del régimen político mexicano en esos años, la brecha entre la competencia política aspirativa y la competencia política real se fue acentuando:

El carácter aspirativo de la cultura política mexicana indica la posibilidad de una cultura cívica, pues existe la orientación hacia la participación... puede describirse al sistema mexicano como viviendo de las rentas de su capital de afecto hacia el sistema. A menos que las realizaciones *output* del sistema puedan servir de compensación de las aspiraciones de los ciudadanos (y lo importante no es el nivel objetivo de esas realizaciones, sino la valoración de sus logros por los ciudadanos), también la

---

[4] José C. Gutiérrez Galindo, *op. cit.*, p. 51.

pauta mexicana puede albergar en su seno las semillas de la inestabilidad.[5]

El vacío entre la percepción para influir en el gobierno y la experiencia real se convirtió en la principal faceta de la cultura cívica: "Existe un vacío entre la percepción subjetiva de competencia política real, como se da también en los Estados Unidos e Inglaterra. Pero este vacío es mucho más considerable".[6] En el caso mexicano solamente 9%, según el estudio, afirmaba en 1965 que creía poder influir en el gobierno. El movimiento cívico de los años sesenta en Guerrero mostró, también, que el sentido de competencia política no solo no encontró respuesta en la estructura del poder local, sino que confirmó su carácter cerrado y autoritario.

En cuanto a las inconsistencias entre las aspiraciones cívicas de los mexicanos y las realidades políticas del régimen, conviene subrayar que los análisis sobre los regímenes políticos modernos relacionan el desarrollo político con la participación comprometida de los ciudadanos en el gobierno, lo que da lugar al despliegue de las capacidades sociales y a la búsqueda del bienestar generalizado.[7] Almond y Verba, al estudiar la orientación política asociada con la democracia y sus fines, destacan este mismo hecho señalando que la creencia en la propia competencia es una actitud política clave para propiciar la participación ciudadana.

En efecto, desde el punto de vista del individuo que participa, la oportunidad de tomar parte en las decisiones políticas está asociada a una mayor satisfacción con el sistema, al incremento de la legitimidad del mismo y a la estabilidad política.

---

[5] Gabriel Almond y Sidney Verba, *op. cit.*, p. 554.

[6] *Ibid.*, p. 541.

[7] Para Alexis de Tocqueville este es, por ejemplo, uno de los aspectos que explican la estabilidad y prosperidad de la democracia estadounidense del siglo XIX. *Cfr.* su obra *La democracia en América*, FCE, México, 1994.

El ciudadano confiado en sus fuerzas aparece como el ciudadano democrático, no solamente cree que puede participar, sino que también piensa que igualmente deben participar los demás. Además, no se contenta con pensar que puede tomar parte en la política. Está también más dispuesto a intervenir activamente en la misma.[8]

Por el contrario, las prácticas políticas autoritarias, como resultado de la monopolización del poder por reducidos grupos, no pueden sino propiciar no solo exclusión social y política sino también la frustración y, en cierta manera, generar conflictos que no pueden ser procesados por esas estructuras de poder. Ese fue el caso, nos parece, del régimen de Raúl Caballero Aburto. La política se convirtió en su gobierno, dado el carácter autoritario del régimen mexicano, en un recurso para favorecer a familiares y amigos, haciendo prevalecer la corrupción, el patrimonialismo y las relaciones clientelares.

Bajo esas circunstancias, los movimientos cívicos han sido una constante en la entidad, como una constante ha sido también el hecho de que toda demanda civil haya encontrado hasta ahora mecanismos cerrados en las formas de poder local. En el caso de Aguas Blancas (1995), como ya dijimos, se trató de un hecho en el que los campesinos reivindicaban atención a sus demandas en cumplimiento de sus derechos y el gobierno reaccionó vinculándolos a un supuesto movimiento guerrillero, por lo que fueron violentamente agredidos.

Los conflictos sociales que se manifiestan en Guerrero constituyen así la expresión profunda de la insatisfacción social que priva en la entidad respecto a las estructuras del poder. La muestra de que estas políticas parecen haber llegado a su límite lo constituye no solamente la persistencia de la violencia e inestabilidad política en el estado, sino también el agotamiento de las prácticas políticas clientelares que se expresa en los resultados electorales recientes.

---

[8] Gabriel Almond y Sidney Verba, *op. cit.*, p. 269.

Puede destacarse, aquí, que la administración estatal electa en 1993 fue el resultado de un proceso electoral al que acudió a votar solamente 33.16% de los guerrerenses inscritos en el padrón electoral y que, de estos votos, el Partido Revolucionario Institucional (PRI) obtuvo, el 21 de febrero de ese año, 228 mil 191 sufragios, es decir, 61.5% del total de la votación, pero solamente 20.40% de los empadronados (1 millón 118 mil 485 ciudadanos), lo que constituye la más baja votación alcanzada por esa organización oficial en las últimas cuatro elecciones locales por la gubernatura, como veremos a continuación.

Participación electoral en Guerrero (1980-1993)

El conflicto y el consenso en la estructura del poder

Desde nuestro punto de vista, los conflictos políticos que han estado presentes sobre todo a partir de los años sesenta en Guerrero revelan la inexistencia de un consenso ciudadano en cuanto a los procedimientos e instituciones encargados de ejercer el poder político y de administrar la justicia en el estado. Así, la persistencia del conflicto e inestabilidad social muestran la ineficacia del régimen político local para hacer posible la competencia pacífica por el poder y para generar la confianza y la adhesión de los ciudadanos.

Lo que parece estar en juego, al respecto, es el problema de la legitimidad de los poderes locales. Es en este sentido que, no obstante que los procesos electorales siguieron dependiendo de organismos gubernamentales, las votaciones en la década de 1980 pueden resultar significativas para evaluar "el grado hasta el cual [el régimen político] es generalmente aceptado por sus ciudadanos",[1] pues a partir de ese año los comicios se convierten en la entidad, por las condiciones en que se llevan a cabo, en un procedimiento por el que es posible evaluar el consenso de los poderes locales. El análisis de las variaciones en el comportamiento electoral puede mostrar el grado de aceptación social de las estructuras de poder.

Los procesos electorales en Guerrero resultan importantes sobre todo a partir de 1988 porque con las elecciones federales celebradas el 6 de julio de ese año, dadas las condiciones de competencia en que se llevaron a cabo, empiezan a adquirir significación en cuanto a la forma en que se accede al poder local. Sus resultados son, además, reveladores del descontento popular con el carácter clientelar y monopólico del régimen. Sin duda, el papel que cumplen las modificaciones electorales resul-

---

[1] Seymour Martin Lipset, *El hombre político*, Rei, México, 1993, p. 36.

tan también relevantes al respecto. En efecto, no obstante que la Constitución de 1917 definía a México como una República democrática, federal y representativa, no incluyó ninguna disposición en materia de partidos políticos, lo que dio lugar, también, a que los procesos electorales organizados por el propio gobierno no se convirtieran en un procedimiento equitativo y abierto para acceder al poder, sino en un recurso formal para argüir la legitimidad del régimen.

De esta manera, no fue sino hasta 1977, con la reforma electoral de ese año, cuando se incorporó el artículo 41 constitucional que se refiere a los partidos políticos como entidades de interés público: "Los partidos políticos son entidades de interés público; la ley determinará las formas específicas de su intervención en el proceso electoral". En cuanto a sus fines se aduce que:

> Los partidos políticos tienen como fin promover la participación del pueblo en la vida democrática, contribuir a la integración de la representación nacional y como organizaciones de ciudadanos, hacer posible el acceso de éstos al ejercicio del poder público, de acuerdo con los programas, principios e ideas que postulan y mediante el sufragio universal, libre, secreto y directo.[2]

Sin duda, la propia reforma constitucional por la que se define a los partidos políticos como entidades de interés público tiene también como antecedentes históricos y políticos los conflictos que se produjeron en el estado de Guerrero a partir de 1960 y en el país a partir de 1968. Recuérdese que, como dijimos, la violencia política de los años sesenta y setenta en Guerrero propició que en su discurso de toma de posesión el nuevo presidente, José López Portillo, ofreciera una reconciliación política nacional.

---

[2] Artículo 41 de la *Constitución Política de los Estados Unidos Mexicanos*.

Así, las nuevas circunstancias del país, e incluso la reforma electoral de 1977, hicieron posible una reconfiguración de los resultados de los procesos electorales, por lo que si bien hasta 1976 el partido oficial obtuvo en las elecciones presidenciales porcentajes de votación en Guerrero superiores al 90%, en 1982 alcanzó 81.75% y en 1988 se redujo al 60.53 por ciento.

De la misma manera, el abstencionismo alcanzó en el año de 1988 57.47%, cifra nunca antes registrada en procesos similares. Llama particularmente la atención la inconsistencia de las cifras observadas entre la votación presidencial de ese año y el patrón de votación de elecciones anteriores pues, no obstante de que se trató de uno de los procesos más concurridos de que se tenga memoria, según las cifras oficiales resultó ser también el de más alta abstención en el periodo 1964-1988. En efecto, la abstención en 1964 fue de solamente 23.58%, en 1970 del 32.43%, en 1976 del 26.87% y en 1982 del 47.44%.[3] Cabe agregar que en las elecciones presidenciales realizadas de 1964 a 1982 Guerrero fue, de acuerdo con los mismos datos de la Comisión Federal Electoral, una de las entidades con más alta votación a favor del PRI: 96.12% en 1964; 94.72% en 1970; 97.73% en 1976 y 81.75% en 1982.

Puede decirse que desde 1980, cuando el Partido Comunista Mexicano (PCM) ganó el municipio de Alcozahuca, comenzaron a darse ciertas condiciones a favor de la competencia política en los procesos electorales, pero no es sino hasta 1988 cuando esos cambios, sobre todo con el ascenso del Frente Democrático Nacional (FDN), adquieren real significación. Lo que conviene destacar al respecto es que, no obstante el reclamo de los ciudadanos por una asignación del poder a través de medios institucionales, los poderes se han empeñado en mantener el control de los procesos electorales y sus resultados.

---

[3] Los resultados electorales que aquí se presentan corresponden a la Comisión Federal Electoral, con excepción de los de gobernador que se obtuvieron del Consejo Estatal Electoral.

El conjunto de problemas que privan en la entidad hace posible, sin embargo, que a partir de las elecciones de 1989 la votación priísta declinara ostensiblemente en el estado al registrar solamente 58.3% (240 mil 571 votos). Con las elecciones para gobernador del 21 de febrero de 1993 la crisis de la estructura del poder local se manifestó abiertamente, pues en ese proceso electoral el PRI alcanzó solamente 61.50% (228 mil 191 votos) de una votación efectiva muy baja que se produjo en ese año. Es significativo al respecto que el padrón aumentara y, no obstante, el PRI disminuyera su votación.

Los resultados anteriores corroboraron las tendencias descritas: tanto la pérdida del control político del régimen expresada electoralmente en la caída en los índices de votación del partido oficial, como el ascenso del PRD en cuanto partido de oposición de centro-izquierda. La escasa presencia del PAN expresa la polarización política que se manifiesta en Guerrero como reclamo del electorado en favor de un cambio social profundo.

Participación electoral

Elecciones federales
Según datos oficiales, en Guerrero la participación ciudadana con relación al padrón en la elección de diputados y senadores se habría mantenido sobre los 40 puntos porcentuales a lo largo de los años ochenta, con un incremento de casi 10 puntos en 1991. La elección presidencial, de acuerdo con esos mismos datos, habría oscilado aproximadamente entre 50 y 40 puntos en la misma década. Como se podrá notar a continuación, es mayor la participación en las elecciones locales.

Elecciones locales
De acuerdo con lo que dijimos, entre 1980 y 1989 se presentó una baja participación electoral que arrancó con 38.79%, se elevó entre 1983 y 1986 al 49.22% y 56.37% respectivamente,

mostrando una caída al 30.23% en 1989. Las elecciones con mayor participación en la década fueron las de 1986 (gobernadores, diputados y ayuntamientos) y las de menor votación fueron las de 1989 (diputados y ayuntamientos), lo que muestra una abrupta caída en la participación electoral entre esos años y que se continúa hasta 1993, como veremos más adelante. Los datos anteriores son reveladores de una crisis en cuanto al desgaste del régimen político por la caída de la participación electoral. Desde nuestro punto de vista, los procesos electorales que resultan claves para explicar lo que hemos estado destacando son las elecciones de 1989, para renovar el Congreso local y los ayuntamientos, así como las de gobernador de 1993.

En el caso de las elecciones de 1989, no obstante que el gobernador del estado, José Francisco Ruiz Massieu, buscó reivindicarlas como un proceso electoral que correspondía a la modernización política del país, dichos comicios se convirtieron en una manifestación más de la crisis política local dadas las insuficiencias institucionales con que se llevaron a cabo por la manipulación de los organismos electorales desde las esferas del poder local.

Distribución de votos

Entre 1979 y 1986, tanto en elecciones locales como federales, el PRI mantuvo su monopolio electoral con un puntaje oscilatorio entre 80 y 90 puntos. En ese periodo el PAN alterna con el PPS, el PST y el PSUM en el segundo sitio, con porcentajes que no rebasan los cinco puntos en las distintas elecciones.

Elecciones federales
En 1982 en Guerrero, 84.17% de la votación total para elegir presidente de la República resultó a favor del PRI (422 mil 905 votos), le siguieron el PAN con 4.45% (22 mil 392 votos) y el PSUM con 4.13%, esto es, 20 mil 798 votos. Los partidos

Socialdemócrata, Revolucionario de los Trabajadores, Socialista de los Trabajadores, Demócrata Mexicano, Auténtico de la Revolución Mexicana y el Popular Socialista obtuvieron, en conjunto, 7.18% (36 mil 303 votos) de los sufragios emitidos.

Para los comicios federales de presidente de la República que se realizaron en 1988, elección que, como dijimos antes, supone una abierta ruptura con respecto a los procesos anteriores, la votación a favor del PRI descendió considerablemente, pues recibió solo 60.54% del total, es decir, 309 mil 202 votos. El Frente Democrático Nacional (formado por el PPS, el PARM, el PMS y el PFCRN) obtuvo 35.78% de los votos emitidos con 182 mil 766 sufragios; 3.64% de la votación total (18 mil 721 votos) fue para el resto de los partidos participantes (PAN, PDM y PRT).

En las elecciones para senadores celebradas en 1982, solo participaron los partidos Revolucionario Institucional, Acción Nacional, Popular Socialista y Demócrata Mexicano. En dichos comicios el PRI obtuvo la mayoría: de 439 mil 414 votos, recibió 408 mil 345, esto es, 92.92%. Le siguió el PAN con 21 mil 939 votos que representaron 4.99% del total, lo que revela en ese año no solamente la carencia de procesos políticos competidos, sino la ausencia también de identidades políticas y sociales capaces de reconocerse en los programas políticos de los partidos y, en suma, el monopolio político del partido oficial.

Los partidos que se agruparon en el FDN para las elecciones de presidente de la República en 1988, presentaron sus candidatos a senadores, en ese mismo periodo, de forma independiente. Los resultados fueron los siguientes: el PRI registró 311 mil 646 votos a su favor, lo que constituyó 61.66%. La segunda fuerza política fue el PST (luego PFCRN) con 89 mil 802 votos, esto es, 17.76%. El PARM recibió 53 mil 433 votos, un 10.57% del total. Los otros partidos participantes conjuntaron 9.9% de la votación con 50 mil 501 sufragios.

En 1991, el PRI habría presentado, según los datos oficiales, una pequeña recuperación en cuanto a senadores se refiere con

63.47% de la votación total (311 mil 920 votos). El PMS (luego PRD) obtuvo 24.56% con 120 mil 720 votos y el PFCRN recibió 2.94%, esto es, 14 mil 457 votos. Los demás partidos obtuvieron en conjunto 8.92% con 43 mil 841 votos.

Las elecciones para diputados de 1982 arrojaron los siguientes resultados: el PRI obtuvo 409 mil 217 votos que representaron 84.51% del total de sufragios emitidos; el PAN obtuvo 21 mil 629 votos, esto es, 4.46%; el PSUM recibió 21 mil 226 votos, 4.38%. 32 mil 114 votos, 6.63%, se repartieron entre los otros partidos participantes. En este mismo rubro, pero en 1985, de la votación total de 449 mil 799 sufragios, el PRI obtuvo 88.18%, es decir, 396 mil 649 votos; le siguió el PAN con 3.61%, 16 mil 256 votos, el PSUM ocupó el tercer lugar con 2.53%, 11 mil 384 votos. Finalmente, 5.67%, 25 mil 519 votos, correspondieron a los partidos con menor presencia electoral.

En 1988 la votación a favor del PRI descendió casi 30%. Sus candidatos a diputados obtuvieron 308 mil 397 votos, esto es, 59.85% de la totalidad de los sufragios contados. El PFCRN recibió 89 mil 812 votos, 17.42%, triunfando en el II distrito con sede en Iguala Félix Salgado Macedonio, quien más tarde, en 1989, se incorporaría a las filas del PRD, siendo su candidato a la gubernatura del estado en las elecciones de 1993. El PARM obtuvo 10.59% de los votos (54 mil 604), resultando a su favor el VII distrito de la zona rural de Acapulco. El diputado electo fue Pablo Ávalos Castro. Los partidos restantes obtuvieron 62 mil 462 votos, es decir, 12.12 por ciento.

Las elecciones para diputados en 1991 arrojaron 307 mil 713 votos a favor del PRI, 62.99% del total de sufragios. Para el PRD fueron 120 mil 476 votos, 24.66%. El PFCRN obtuvo 15 mil 472 votos, 3.17%. Los otros partidos participantes se repartieron 44 mil 714 votos, 9.13%. Cabe señalar que los partidos Ecologista Mexicano y del Trabajo ingresaron por primera vez a la contienda electoral en estos comicios.

Elecciones locales

A nivel local, la distribución de los votos en 1980 fue la siguiente. En las elecciones para gobernador el total de la votación emitida fue de 365 mil 163 sufragios, que se distribuyeron de la siguiente forma: el PRI obtuvo 325 mil 084 votos, 89.02%, el PCM 13 mil 490 votos, 3.69%, el PST 11 mil 361 sufragios, 3.11%, el PAN 4 mil 511, 1.23%, el PPS mil 044 (0.28%), el PARM 2 mil 880 (0.78%) y el PDM 2 mil 785 (0.76%). El padrón electoral de aquellos años registraba 951 mil 543 votantes potenciales, de ellos solo 365 mil 163, esto es 38%, acudieron a las urnas, presentándose un abstencionismo del 62 por ciento.

Por lo que respecta a las elecciones de gobernador que se llevaron a cabo en 1986, el nivel de participación ascendió al 56.37%, lo que representa un repunte significativo con relación a las elecciones de 1980. Los resultados fueron los siguientes: el PRI obtuvo 534 mil 875 votos, 86.89% del total, la segunda fuerza electoral la constituyó la Unidad Popular Guerrerense (UPG), formada por los partidos PSUM, PRT y PMT, quienes obtuvieron en conjunto 24 mil 411 votos (3.96%). El PST ocupó el tercer lugar en cuanto al número de sufragios a favor con 20 mil 985 (3.40%). El PAN recibió 17 mil 240 votos (2.80%), el PARM 8 mil 180, es decir 1.32%, y el PPS 4 mil 043 (0.65 por ciento).

En cuanto a las elecciones de diputados locales, el PRI obtuvo en 1980 87.59% (322 mil 403 votos), el PCM obtuvo 3.68% (13 mil 546 votos) y el PARM 3.0% (11 mil 074 votos). Los demás partidos recibieron 21 mil 052 votos, que representaron 5.7% del total de la votación. En 1983 el PRI obtuvo 81.13% de los votos emitidos (390 mil 393), el PAN 4.31% (21 mil 542 votos) y el PST 3.75% (18 mil 026). El resto de los partidos obtuvo el 5.52 por ciento.

Las elecciones para renovar el Congreso local de 1986 mostraron, igual que las del Ejecutivo estatal, una mayor participación de votantes con 56.18% del padrón. El PRI obtuvo el triunfo en los 14 distritos. Recibió 527 mil 367 votos a su favor,

85.97% del total de sufragios emitidos. La UPG obtuvo 27 mil 711 votos, lo que representó 4.35% de la votación. El PST constituyó la tercera fuerza política al alcanzar 3.76% de los sufragios con 23 mil 085 votos. Los partidos restantes (PAN, PARM, PDM y PPS) obtuvieron en conjunto 34 mil 633 votos, es decir, 5.62% del total de la votación.

Entre 1988 y 1993, y de una manera muy significativa en cuanto a la pérdida del control oficialista, se redujo la votación del partido del gobierno a 60 puntos porcentuales en promedio. Los partidos que capitalizaron en 1988 esta merma electoral del PRI fueron el FDN en las presidenciales (con 35% de la votación), el PARM y el PST en votaciones para senadores y diputados con 10% y 17% respectivamente. La segunda fuerza electoral entre 1989 y 1991 fue el PRD con una votación en ascenso de 22 a 24 puntos porcentuales en cifras cerradas. En 1993 el PRD mantuvo su línea ascendente de votación.

Las elecciones locales del 3 de diciembre de 1989 para la renovación del Congreso local y de los 75 municipios —Guerrero cuenta en la actualidad con 81 municipios—tienen como antecedente inmediato la emergencia ciudadana que se presentó en el país en 1988 al caer drásticamente la votación del PRI, con lo que la votación de su candidato a la presidencia fue hasta entonces la más baja de su historia. Los comicios de 1989 en Guerrero fueron sumamente concurridos y dieron lugar a la competencia por el poder en las elecciones locales. En ellas participó por vez primera el PRD que se constituyó formalmente a principios de 1989. Los resultados de la elección generaron un violento conflicto postelectoral que fue reprimido por el gobierno de José Francisco Ruiz Massieu, inhabilitando así una vez más a los comicios como método para la asignación legítima del poder.

En esas elecciones, los distritos con mayor presencia perredista fueron el I (Chilpancingo) con 3 mil 561 votos (26.71%), el II (Tixtla) con 3 mil 151 votos (25.32%), el IV (Tecpan) con 8 mil 787 votos (42.93%), el IX (Iguala) con 4 mil

789 votos (34.37%), el XII (José Azueta) con 8 mil 843 votos (42.56%), el XV (Chilpancingo) con 3 mil 741 (29.46%), el XVI (Acapulco) con 4 mil 409 votos (28.03%), el XX (Arcelia) con 5 mil 177 votos (27.62%) y el XXIII (Pungarabato) con 3 mil 150 votos (28.82%). Todos estos distritos presentan una votación cercana o superior a la mitad de la votación del PRI.

La composición de la cámara que resultó de las elecciones de 1989 fue la siguiente:

Integración del Congreso local en 1989[4]

Partido	Diputados Uninominales	Diputados Plurinominales
PRI	22	4
PARM	1	2
PRD	1	2
PAN		1
PPS		1
PRT		1
PFCRN		1

La diputación uninominal en poder del PARM correspondió al quinto distrito con cabecera en Acapulco, y la del PRD al séptimo, con cabecera en Coyuca de Catalán.

En suma, como hemos insistido, los procesos electorales de 1988 a 1993 en Guerrero resultan significativos porque revelan la crisis de legitimidad de la estructura del poder tanto por la acelerada pérdida de votación del partido oficial, como por el incremento en los índices de abstencionismo. Lo anterior puede revelar también una desconfianza respecto de los procedimientos electorales. Tal situación resultó particularmente evidente en las elecciones de gobernador del 21 de febrero de 1993, a las que solo acudió a votar 33.16% de los ciudadanos inscritos en el padrón electoral, es decir, se emitieron 370 mil 990 sufragios de

---

[4] Fuente: *Diálogo Nacional: Guerrero*, 18 de junio de 1990, p. 6 (suplemento editado por *El Nacional*).

un total de 1 millón 118 mil 485 votantes potenciales. De estos votos, el PRI obtuvo 228 mil 191, es decir, 61.50%, lo que constituyó un decremento significativo con relación a las anteriores elecciones para gobernador. En efecto, el PRI obtuvo en las anteriores elecciones, como vimos, los siguientes resultados:

Resultados electorales para gobernador en el estado de Guerrero (1974-1993)[5]

Año	*Padrón electoral*	*Votación total*	*Resultados*
1974	865,212	583,887	PAN 0 PRI 583,371 PPS 0 PARM 0
1980	951,543	365,163	PAN 4,511 PRI 325,084 PPS 1,044 PARM 2,880 PDM 2,785 PCM 13,490 PST 11,361
1986	1,091,802	615,546	PAN 17,240 PRI 534,875 PPS 4,043 PDM 4,346 PSUM 24,411 PST 20,985 PRT 0 PARM 8,180 PMT 0
1993	1,118,485	370,990	PAN 9,357 PRI 228,191 PPS 3,201 PRD 98,393 PFCRN 6,000 PARM 4,684 PRT 2,534 PDM 1,968 PSG 1,874 PEG 991 PPG 2,075

---

[5] Fuente: Consejo Estatal Electoral.

Por su parte, el PRD obtuvo, en 1993, 98 mil 393 sufragios (26.52% de la votación), el PAN 9 mil 357, 2.52%; el PFCRN 6 mil votos, 1.61%; el PARM 4 mil 684, 1.26%; el PPS 3 mil 201, 0.86%; el PRT obtuvo 2 mil 534 votos (0.68%), el PPG recibió 2 mil 075 (0.55%), el PDM mil 968 votos (0.53%), el PSG mil 874 (0.50%), el PEG 991 (0.26%). Estas cifras revelan, con claridad, la caída en los índices de votación a favor del PRI, como se muestra en el concentrado siguiente:

Resultados del PRI en las elecciones para gobernador (1974-1993) [6]

Año	*Padrón electoral*	*Votación total*	*Votación en favor del PRI*
1974	865,212	583,887	583,371
1980	951,543	365,163	325,084
1986	1,091,802	615,546	534,875
1993	1,118,485	370,990	228,191

Si consideramos, según dijimos, a las elecciones libes e imparciales como procedimientos legales de institucionalización política por cuanto dan lugar a poderes públicos sometidos al escrutinio ciudadano, debemos reconocer, por lo que hemos visto, que las estructuras de poder en Guerrero han carecido de una efectiva institucionalización legal dada la manipulación de que han sido objeto los procesos electorales desde los poderes locales para asegurar resultados favorables a los candidatos del partido oficial. Al respecto, son significativos los análisis comparativos sobre las condiciones sociales de la participación política por cuanto demuestran que cuando la concurrencia a las urnas es escasa, "ello casi siempre significa que los grupos que se hallan social y económicamente en desventaja se encuentran

---

[6] Fuente: Consejo Estatal Electoral.

insuficientemente representados en el gobierno". Pero la combinación además, como ocurre en Guerrero, de un bajo índice de votación con una carencia de organizaciones autónomas entre los grupos más débiles, "significa que ellos sufrirán la indiferencia de los políticos... La falta de participación y representación refleja también la carencia de una ciudadanía efectiva y la consecuente falta de lealtad hacia el sistema como un todo".[7]

Lipset insiste en que un régimen político participativo estable requiere de "la manifestación de un conflicto o una división, de manera que existan: una lucha por las posiciones directivas, exigencias a los partidos que se hallan en el poder y cambios de los que gobiernan".[8] Todo ello es imprescindible para procesar los intereses y demandas ciudadanas de una manera abierta y plural, pero sin el consenso sobre las formas en que se lleva a cabo la competencia política para acceder al poder, no pueden constituirse gobiernos que procesen las demandas ciudadanas en condiciones de legitimidad y estabilidad.

Para hacer posible el consenso, sin embargo, se requieren de ciertas condiciones institucionales, por ejemplo, de procesos electorales libres e imparciales y, por ello, con una legitimación ciudadana. Son estas condiciones las que hoy están ausentes en el estado de Guerrero y que dan lugar a un rechazo respecto a la participación política generando inconformidad e inestabilidad social.

Debe destacarse que la ausencia de una ciudadanía efectiva, es decir depositaria de derechos no solamente reconocidos constitucionalmente, sino ejercidos políticamente, se refiere a problemas que son inherentes al sistema político mexicano en su conjunto, por cuanto buscó legitimarse, inmediatamente después de la revolución, por su capacidad de respuesta social —lo que justificaba incluso transgredir las normas constitucionales— y después de los años cuarenta por la forma en que impulsó el

---

[7] Seymour M. Lipset, *op. cit.*, p. 188.
[8] *Ibid.*, p. 21.

crecimiento económico, pero su carácter corporativo y autoritario inhabilitó socialmente ambos proyectos, dando lugar, en cambio, a la injusticia social. Si bien las sociedades política y jurídicamente institucionalizadas pueden existir con diferentes niveles de participación, en el caso del estado de Guerrero, al carecer de procedimientos e instituciones que den cauce legal a las demandas sociales, lo que muestran las elecciones recientes a partir de 1980 no es una fluctuación en el comportamiento político de los electores, sino más bien una inconformidad social y una falta de credibilidad en las condiciones institucionales para acceder al poder.

Lo anterior tiene lugar, además, en el marco de índices socio-económicos (ver la segunda parte de este estudio) que nos muestran no solamente que se han mantenido los niveles de pobreza, sino que los mismos ahora son más graves, y si en el pasado reciente, como sugiere Robert Dahl para casos semejantes, las desigualdades extremas no favorecieron métodos políticos competitivos porque tal situación "equivale a la desigualdad extrema en la distribución de los resortes políticos",[9] en el caso de Guerrero, dada la injusticia social y la manipulación del voto, no parecen existir las condiciones para una asignación efectiva del poder conforme a medios instituciones legales. Podemos suponer que el desaliento respecto a los procesos electorales se encuentra relacionado, también, con la ineficacia de esas estructuras para incidir en las condiciones de vida social y económica de los guerrerenses.

Debe recordarse al respecto, como dijimos, que los movimientos políticos de los años sesenta en la entidad corrían de manera paralela a lo que Almond y Verba llaman una "cultura cívica aspirativa" y por ello constituían la expresión del deseo de cambio social y de nuevas prácticas políticas acordes con las propias demandas que dieron origen al sistema político mexicano. Sin embargo, la falta de respuesta a los reclamos

---

[9] Robert Dahl, *La Poliarquía. Participación y oposición*, Rei, México, 1993, p. 100.

democratizadores que se produjeron entre 1960 y hasta los años noventa por un régimen con presidencialismo muy fuerte y sin equilibrios de poder ha hecho imposible el cambio, lo que se traduce ahora en el agotamiento social de sus políticas.

La participación de la ciudadanía guerrerense en los últimos procesos electorales efectuados en la entidad, es decir a partir de 1974, revelan una acelerada descomposición de las estructuras del poder, pues de una elección, la del año 1974, donde el PRI supuestamente obtenía casi la totalidad de los votos emitidos (99.9%, con una participación electoral del 67.48%), siendo además el único partido en dicho proceso se pasa, 19 años después, en 1993, a una elección donde cae abruptamente la participación electoral (al 33.16%) y el PRI reduce drásticamente sus resultados en cuanto al porcentaje de votos obtenidos (61.50%). Es decir, a partir de los años setenta se empieza a manifestar una aguda pérdida de la base social de la estructura del poder local, lo que revela además el agotamiento de los controles patrimoniales del poder local y la insatisfacción social respecto de una estructura del poder centralista y jerárquica que resulta cada vez más ineficiente para enfrentar los problemas de la entidad.[10]

Por lo demás, el atraso guerrerense en las condiciones de una estructura del poder fundada en la centralización y el caciquismo político resultaba ya un hecho manifiesto para Moisés Ochoa Campos en los años sesenta. En efecto, él señalaba que ante la carencia de una moderna y eficaz organización

---

[10] Conviene tener presente además los resultados de los últimos procesos electorales en el estado: en el año 2005, el PRD finalmente alcanzó la gubernatura con el 55.10% de la votación emitida, mientras que el PRI recibió el 42.18%. En 2011, una coalición en torno al PRD, y con Ángel Aguirre Rivero como candidato, ganó los comicios con el 54.82% de los sufragios frente al 41.85% del PRI. Por último, este partido volvió a encabezar el gobierno estatal luego de las elecciones de 2015 cuando ganó con el 40.94% de la votación emitida, frente al 34.71% para el PRD (La participación electoral fue del 53.54%, 3.1% más que en el proceso inmediato anterior). Fuente: Instituto Electoral del Estado de Guerrero.

administrativa "el Gobierno, alentado por compadrazgos o por conveniencias políticas circunstanciales ha fortalecido o cuando menos respetado la existencia de un caciquismo nefasto".[11]

De esta manera, a lo largo del libro hemos querido mostrar, en una perspectiva histórica, la forma en que se involucran las estructuras del poder local reproducidas por el régimen político mexicano y las estructuras sociales y económicas de Guerrero. En ese sentido, la crisis económica y la violencia e inestabilidad política que ha vivido la entidad en los últimos años son el resultado de una estructura del poder incompatible con los derechos y reivindicaciones de la sociedad guerrerense, pues la misma se ha reproducido para favorecer sus intereses disponiendo discrecionalmente de los recursos del estado a través de una administración sin controles institucionales. Ello ha dado lugar a la agudización de la crisis económica local —como lo muestra la contracción de la agricultura y de la industria en los últimos años—, a la imposibilidad del crecimiento económico y a la insatisfacción social. Son estas circunstancias las que hoy parecen incidir en la vida pública de Guerrero, propiciando que las demandas de la ciudadanía se produzcan bajo condiciones de tensión social generada por la persistencia de esa estructura del poder patrimonial y autoritaria.

---

[11] *Cfr.*, Moisés Ochoa Campos, *Guerrero: análisis de un estado problema*, Trillas, México, 1964, p. 36.

Conclusiones

El régimen mexicano:
monopolio político y complejidad social

El ejercicio del poder en el régimen mexicano

A lo largo de este estudio nos referimos a la inexistencia de un Estado de derecho y las formas del ejercicio del poder que se presentan en el régimen político mexicano como consecuencia del incumplimiento de las normas constitucionales, así como a las particularidades con que se manifiestan estos problemas en el caso del estado de Guerrero. Con lo anterior, se buscó explicar la inestabilidad y la violencia política en la entidad. Como vimos, el recurso político de los movimientos cívicos de Guerrero en los años sesenta fue, en ese sentido, la demanda de hacer realidad el marco legal vigente. La insatisfacción de tales exigencias motivó la radicalización de esos movimientos con las consecuencias que destacamos en la tercera parte.

Conviene ahora, en este capítulo conclusivo, insistir en la caracterización sociopolítica de esa estructura de poder y de sus consecuencias sobre el atraso en el estado de Guerrero después de la revolución y en el marco de las relaciones sociales y políticas impuestas por el régimen desde 1929. Lo que hemos encontrado, en ese sentido, son las evidencias de un ejercicio vertical del poder que se lleva a cabo en un régimen formalmente democrático, según la Constitución de 1917, y que al inhibir la competencia política por el poder en función de su carácter corporativo dio lugar a un sistema cerrado de distribución y transmisión del poder que colocó al "oficialismo revolucionario", y sobre todo al Ejecutivo federal, más allá de los controles institucionales de la políticas.

En este caso, el corporativismo resultó eficaz no para impulsar las demandas de la población, sino para moderarlas y bloquear la formación de fuerzas políticas independientes. El régimen mexicano ha tenido que enfrentarse, así, a lo que ha sido su gran dilema: el carácter excluyente de la expansión económica y el desarrollo desigual de las regiones han puesto en cuestión los logros sociales del gobierno que, por lo demás, constituían la justificación del corporativismo y de la alianza social en que se apoyaba.

Para entender así al sistema político mexicano parece indispensable distinguir entre los objetivos económicos del régimen que surgió con la revolución y los medios de organización política impulsados por el partido oficial para hacer posible estos objetivos. Ambas condiciones, nos parece, explican la naturaleza peculiar del régimen mexicano. En efecto, se trata, en su dimensión económica, de un régimen que en cuanto surge de una revolución en un país subdesarrollado tiene que enfrentarse al problema del atraso social y económico en cuanto meta nacional y, en el aspecto político, de un gobierno que para enfrentar el problema del desarrollo económico tiene también que organizar a las masas y de esa manera controlarlas, pero tiene además que apoyarse en ellas como condición de su legitimidad.

Como resultado de lo anterior, el ejercicio del poder descansó en dos ejes principales: en el partido oficial que adquirió un carácter hegemónico por el monopolio que ejerció el gobierno sobre los procesos electorales y por el control corporativo sobre los trabajadores y los campesinos, así como en el ejercicio vertical del poder que descansó en el Ejecutivo federal y en los gobernadores. Al respecto debe tenerse en cuenta, sobre todo en el caso del estado de Guerrero, la red de relaciones clientelares que, promovida desde la burocracia política, anula los canales de intermediación social y política e impone a los jefes y caciques locales como intermediarios del régimen, sustituyendo todos aquellos de carácter institucional como los municipios. El ejercicio del poder tanto a nivel federal como local, se resolvió transgrediendo los desafíos del pluralismo político. Puede decirse, al respecto, que una de las singularidades del régimen mexicano consiste en la inexistencia de competencia en el sistema político y el incumplimiento de los derechos electorales.

Todo lo anterior son evidencias del régimen mexicano que reiteradamente se han señalado. No obstante, el referir tales condiciones a un estado que en términos generales pareciera ser una excepción en el marco del comportamiento de dicho régimen por la persistencia de la violencia y el atraso, puede dar lugar a una comprensión más completa del régimen político mexicano, sobre todo en lo que atañe a su carácter corporativo, cerrado y autoritario. En otras palabras: el análisis del caso guerrerense nos ha ofrecido la oportunidad de examinar el funcionamiento del régimen político mexicano en una entidad eminentemente campesina y atrasada para hacer posible una mejor comprensión de sus mecanismos de poder y control, como es el caso de las estructuras de intermediación jefaturadas por caciques políticos y las consecuencias que ello ha tenido sobre el desarrollo económico y social de Guerrero.

En suma, para concluir nuestro análisis sobre *Sociedad y conflicto en el estado de Guerrero, 1911-1995*, parece conveniente destacar algunos aspectos del régimen político mexicano con objeto de contribuir a su conceptualización y, enseguida, destacar las particularidades que se expresan en la esfera del poder en Guerrero. Creemos que de esta manera es posible derivar algunas conclusiones que nos permitan una mejor comprensión y tal vez, ese sería nuestro objetivo, conseguir una nueva visión tanto de la naturaleza del sistema político mexicano, como de las condiciones con que el mismo opera en Guerrero.

Lo anterior como resultado del análisis del ejercicio del poder en la entidad, lo que además puede contribuir a esclarecer el papel polémico que ha tenido el estado de Guerrero dentro del régimen político. La cuestión sobre la que hemos querido avanzar se refiere a si los fenómenos de la violencia y el atraso pueden ser explicados dentro de las condiciones estructurales del régimen. El tema es relevante porque la manera en que ha funcionado el régimen localmente, dadas las condiciones de atraso del estado (recuérdese, al respecto, que incluso el "milagro económico porfirista" solo tuvo una modesta repercusión en Guerrero), puede conducirnos a una mejor explicación, o si se quiere a una nueva visión, sobre su funcionamiento y su capacidad para impulsar el desarrollo, o bien obstaculizarlo, dadas las formas de organización y control político con que ha operado.

Una explicación del régimen mexicano

En la teoría política contemporánea existe coincidencia en destacar que lo que distingue a un régimen democrático de uno no democrático es el empleo de un conjunto de reglas procesales, contenidas en la Constitución, para la toma de decisiones colectivas. Tales reglas, no obstante, deben asegurar "la más amplia participación posible de los interesados",[1] pero además deben de asegurar "que aquellos que están llamados a decidir o a elegir a quienes deberán decidir, se planteen alternativas reales y estén en condiciones de seleccionar entre una u otra".[2] Solamente bajo las consideraciones anteriores, referidas básicamente a la legalidad electoral, es posible destacar la importancia de lo que Norberto Bobbio ha llamado *el contenido mínimo del Estado democrático*: "garantía de los principales derechos de libertad, existencia de varios partidos en competencia, elecciones periódicas y sufragio universal, decisiones colectivas o concertadas... o tomadas con base en el principio de mayoría".[3]

La descripción que Bobbio hace del Estado de derecho nos parece relevante para referirnos al régimen mexicano por cuanto en ella se precisa que el mismo supone un ejercicio del poder donde los actos del gobierno tienen carácter público: "la publicidad de los actos del poder... representa el verdadero y propio momento de cambio en la transformación del Estado moderno de Estado absoluto en Estado de derecho".[4] Por lo que hemos visto, el régimen mexicano ni reúne las condiciones mínimas que mencionamos de un Estado democrático (garantía de los derechos y competencia por el poder), ni sus acciones de

---

[1] Norberto Bobbio, *El futuro de la democracia*, FCE, México, 1996, p. 18.

[2] *Ibid.*, p. 26.

[3] *Ibid.*, p. 45.

[4] *Ibid.*, p. 115.

gobierno tienen el carácter público (publicidad de los actos de gobierno con base en normas públicamente aceptadas como legítimas) que Bobbio señala como propias del Estado de derecho pues, como lo hemos señalado, las decisiones gubernamentales asumen casi siempre un carácter discrecional y descansan, en última instancia, en la voluntad del Ejecutivo federal o bien del Ejecutivo estatal en el caso de los estados.

Podemos decir entonces que el régimen político mexicano, por su carácter autoritario, resulta anómalo con respecto a los Estados constitucionales modernos. Se trata, como vimos, de un régimen surgido de una revolución que busca establecer una gran alianza social con los trabajadores y campesinos del país y que en función de ello transgrede, por su carácter corporativo, las condiciones de lo que hoy puede ser llamado un régimen democrático liberal, dando lugar, en cambio, a lo que se ha denominado un régimen "populista" que moviliza políticamente a las masas bajo las estructuras corporativas del gobierno. "Nace así el llamado 'estado de compromiso': compromiso entre los distintos grupos sociales y compromiso entre la participación política y el desarrollo económico".[5] Bajo estas condiciones, el populismo logra "recoger y organizar las transformaciones de la sociedad, pero es incapaz de 'traducirlas' en la construcción de un nuevo estado".[6] Y ello es así porque la estrategia populista "no puede convocar y movilizar a las masas sino en el marco del compromiso vigente. La delimitación de la movilización popular a la defensa de intereses corporativos señala el problema de la participación ciudadana, que desde entonces convulsiona la formación de un Estado democrático".[7]

Tomando en cuenta la delimitación de la movilización popular a la defensa de los intereses corporativos son claramente distinguibles dos grandes fases en la reciente evolución histórica

---

[5] Norbert Lechner, "Epílogo", en *Estado y política en América Latina*, Varios autores, Siglo XXI, México, 1981, p. 304.

[6] *Idem.*

[7] *Ibid.*, p. 305.

del régimen mexicano: la primera que comprendería hasta 1940 en cuanto fase políticamente activa de la revolución, cuando el compromiso entre la participación política y el desarrollo social siguen estando presentes en la vida política del país, y una segunda fase a partir de esos años, cuando la prioridad del desarrollo económico se convierte en la motivación fundamental de la burocracia política que asume plenamente su papel no solo de conducción política, sino también de conducción económica del desarrollo nacional.

Después de 1940, las estructuras corporativas del régimen se vuelven cada vez más insuficientes frente a las demandas sociales efectivas, pero afirman al gobierno como rector de la vida política y económica del país y a la burocracia oficial como principal beneficiaria del crecimiento económico. Tales hechos, en los que se confrontan las demandas populares con la reproducción de los intereses de la burocracia política, entran en un periodo de particular agudización con la puesta en marcha del modelo neoliberal a partir de 1982: "Miguel de la Madrid (1982-1988) fue el encargado de iniciar una transición hacia una nueva forma de organizar la relación entre el Estado y la sociedad que rompe manifiestamente con la ideología de la Revolución mexicana para dar paso a su reconceptualización y a la reformulación de las relaciones de poder real".[8]

Así pues, de acuerdo con la historia política reciente de México dos problemas han ocupado la reflexión sociológica e histórica en el país: a) el carácter tan prolongado del régimen. Al concluir el presente análisis, el régimen mexicano surgido de la revolución y que se afirmó a través del partido oficial (PNR-PRM-PRI) cumplió su 70 aniversario (4 de marzo de 1929-4 de marzo de 1999). De hecho, ningún otro régimen en América Latina se había mantenido durante tantos años sin modificar, en lo esencial, sus estructuras políticas corporativas de control social; b) los problemas e incluso el carácter antagónico del régimen

---

⁸ Francisco Valdés Ugalde, *Autonomía y legitimidad. Los empresarios, la política y el Estado en México*, Siglo XXI, México, 1997, pp. 203-204.

mexicano (heredero de las estructuras corporativas y verticales del poder) y el ascenso de un régimen político vía la democracia electoral.

En efecto, entre 1940 y 1970 las estructuras políticas corporativas del régimen dieron lugar a un desarrollo económico capitalista contrapuesto al populismo que el régimen mexicano impulsó sobre todo hasta 1940. Con el desgaste y deterioro de las estructuras corporativas y clientelares del régimen populista durante esta fase de crecimiento con una muy alta concentración del ingreso que sobre todo favoreció a la propia burocracia, la política neoliberal de Estado a partir de 1982 significa, en realidad, la puesta en marcha de un autoritarismo que recurre nuevamente a sus estructuras de poder de carácter clientelar, aunque debilitadas ahora por lo que Sergio Zermeño ha llamado el "vaciamiento del sistema político": "En el caso mexicano las organizaciones de masas y del sistema de representación tradicional se han vaciado... pues las organizaciones oficiales que las agrupan no tienen más que ofrecer".[9] Se produce así también el agotamiento de la base social del régimen como consecuencia del abandono de sus políticas populistas que, por su carácter clientelar, consiguieron una cierta adhesión social. En esas condiciones, sostiene Zermeño, el Estado populista ya no puede responder al exceso de demandas populares, con lo que el sistema político y su presencia material y económica disminuyen.

Sin embargo, el propio Zermeño agrega que en una sociedad donde existe una cultura política en la que el eje masa-líder impera aún "es difícil que la activación de la base trastoque el orden".[10] Lo anterior tiene, a nuestro parecer, dos resultados: uno que concierne al carácter corporativo y clientelar del sistema y que da forma a una cultura política inherente a esas estructuras, y otro que se refiere a las expectativas de un cambio

---

[9] Sergio Zermeño, "Hacia una democracia como identidad restringida", en *Revista Mexicana de Sociología*, UNAM/Instituto de Investigaciones Sociales, año XLIX, vol. XLIX, núm. 2, México, abril-junio de 1987, p. 82.
[10] *Ibid.*, pp. 85-86.

político conforme a la legitimidad electoral en México. La persistencia de un poder autoritario, cuyos medios son manejados por el Ejecutivo federal sobre todo a través del partido oficial que en cuanto organismo del gobierno sigue contando con los recursos para cooptar y desvirtuar las manifestaciones opositoras, imposibilita la puesta en práctica de un auténtico sistema de partidos. En esas condiciones el cambio político conforme a una legalidad electoral se ve obstaculizado por la persistencia de un régimen vertical y autoritario que, en la medida en que se ha comprometido con un proyecto de economía globalizada, requiere de forma cada vez más abierta de sus propios recursos autoritarios. Esta constatación resulta indispensable para considerar, correctamente, los problemas que hoy existen con relación a la democratización del país. En efecto, el "futuro de la democracia… no descansa tanto en establecer sus condiciones de funcionamiento como en la necesidad de demoler las estructuras corporativas existentes para facilitar la transición hacia mecanismos no clientelísticos de distribución de recursos".[11]

Para explicar al régimen mexicano no basta con constatar su peculiar funcionamiento subordinado, en última instancia, al Ejecutivo federal y en el caso de los estados al Ejecutivo estatal —cuya influencia política en Guerrero pareció acrecentarse en proporción a la pauperización social y al monopolio político que ejercen las organizaciones oficiales—, es necesario, además, destacar la singularidad de los fenómenos políticos que se producen bajo esas circunstancias debido a la inexistencia de un Estado de derecho —tal y como lo sugiere Bobbio— en el que los actos de administración pública puedan ser sometidos a un control jurisdiccional.

De acuerdo con lo anterior, conviene subrayar dos rasgos del régimen mexicano. En primer lugar, el hecho de que el mismo

---

[11] Francisco Zapata, "Introducción. Democracia, corporativismo, elecciones y desigualdad social en América Latina", en *Modernización económica, democracia política y democracia social*, El Colegio de México/Centro de Estudios Sociológicos, México, 1997, pp. 33-34.

no haya subordinado las acciones del poder político conforme a un Estado de derecho dio lugar a la imposibilidad de que esos actos del poder fuesen escrutados y sancionados públicamente. Con la afirmación de las estructuras autoritarias, las acciones del poder político se convirtieron en decisiones discrecionales de los poderes federales y estatales. Lo que se produjo así a nivel nacional y local fue en realidad la inhabilitación de la vida pública como instancia de análisis y discusión de los problemas que atañen a la sociedad. En el caso de Guerrero, destaca la inhabilitación de los ayuntamientos como instancias de toma de decisiones de la ciudadanía.

En segundo lugar, en un régimen político donde las acciones del poder no están enmarcadas dentro de las reglas legales ni sujetas al escrutinio público, es explicable que quien lo ejerce haya concentrado un poder que va mucho más allá del ámbito político para inmiscuirse en la sociedad y en la economía en su conjunto, lo que le permitió además afirmar su capacidad de cooptación: "allí donde el Estado ha asumido la tarea económica del gobierno, la clase política ya no ejerce el poder solo mediante las formas tradicionales de la ley, del decreto legislativo, de los diversos tipos de actos administrativos... sino también por medio de la gestión de los... centros de poder económico".[12] El ejercicio del poder se convierte así en un medio para afirmar un poder personal que, transgrediendo los controles institucionales, permite además disponer discrecionalmente de los bienes del país. Con Miguel Alemán se dio lugar a esa forma de hacer política que se reproduce y multiplica en las estructuras políticas del país sobre todo después de los años cuarenta. En Guerrero, tal periodo coincide con el de Baltasar R. Leyva Mancilla cuando Acapulco se convirtió en una de las prioridades económicas tanto del gobierno federal como del local.

---

[12] Norberto Bobbio, *op. cit.*, pp. 115-116.

El caso guerrerense (la persistencia de poderes *de facto*)

En el caso del estado de Guerrero, con una población de origen predominantemente campesina, sin inversiones públicas significativas en la agricultura y una organización política subordinada al partido del gobierno, las transformaciones del país, sobre todo después de 1940, dieron lugar a nuevos desequilibrios sociales que se expresaron en manifestaciones de descontento popular y en reclamos políticos que incluso se radicalizaron hasta convertirse en movimientos guerrilleros en 1960 y1970. Todo ello porque lo que predominó en la entidad fue más bien la red de alianzas articuladas por los cacicazgos políticos como intermediarios del régimen que, si bien fueron un instrumento para el mantenimiento y monopolio del poder, resultaron cada vez más adversos a la demanda ciudadana e incluso a la legalidad constitucional que comprende una estructura jurídico-política formalmente democrática. De esta manera, la burocracia partidista ha dado lugar al control y manipulación de la sociedad. De allí el protagonismo de los caudillos y caciques guerrerenses dentro de esa estructura.

Cabe recordar, al respecto, que la disputa por el poder en los grupos locales bajo las reglas y condiciones impuestas en Guerrero con el partido oficial tiene su antecedente en el desenfrenado faccionalismo de los grupos revolucionarios, entre 1911 y 1919, que en su afán de someter a sus intereses a una sociedad campesina, pobre y exhausta por los conflictos locales, terminaron subordinándose a los poderes centrales con el propósito de alcanzar ese objetivo. Silvestre G. Mariscal, en 1916, y luego Francisco Figueroa en 1919, se convirtieron en depositarios de ese poder con el respaldo y decisión última del "Primer Jefe" Venustiano Carranza.

Conviene agregar, además, que la "modernización política" que impulsaron los gobernadores de la revolución (Francisco Figueroa, Rodolfo Neri, Héctor F. López y Adrián Castrejón) significó, en realidad, la puesta en marcha de una organización política que, dado el atraso económico de la entidad y la debilidad política de los gobernadores en relación al centro, muy pronto quedó subordinada al partido oficial. En efecto, una de las tareas que habría de cumplir el gobernador, de acuerdo con el oficialismo revolucionario, era fungir como gestor del partido oficial. De hecho, el gobernador se convierte en el responsable, en última instancia, tanto del trabajo organizativo como de la promoción social del partido del gobierno en la entidad.

La persistencia en el estado de Guerrero de poderes *de facto* adquiridos a través del ascenso dentro de la burocracia partidista del régimen, se puede explicar con relación a dos circunstancias relativas a la historia política de la entidad:

1. La confrontación —como vimos— entre los jefes de la revolución en Guerrero por hacerse del poder local se resuelve con la mediación del "Primer Jefe", Venustiano Carranza. Ello dio lugar, ya, a un ejercicio del poder local bajo las prioridades del oficialismo revolucionario.

2. La persistencia de ese ejercicio del poder en la configuración de la estructura del poder local obedece al hecho de que el carácter centralista del régimen terminó por consolidar tales prácticas. Además, a través del control del centro sobre el gobernador y el partido oficial se reprodujeron las estructuras de intermediación. En el gobierno de Lázaro Cárdenas se consolidó esa estructura con la transformación del Partido Nacional Revolucionario (PNR) en Partido de la Revolución Mexicana (PRM) y el carácter corporativo que este asume. Lo que conviene destacar, al respecto, es que con el centralismo del régimen y las sucesivas intervenciones en el poder local se propició, también, inestabilidad política porque el ejercicio del poder se hizo cada vez más vertical con la designación de los gobernadores desde el centro.

En esas circunstancias, los poderes centrales han jugado en el estado un papel casi siempre decisivo al intervenir en los asuntos locales, como ocurrió incluso durante la fase armada de la revolución. Ello ha dado lugar a prácticas del poder que, con la exclusión de los ciudadanos, terminan reproduciendo los mismos problemas de autoritarismo político y ejercicio patrimonial, aun en circunstancias históricas distintas. Lo anterior puede ser explicado en razón del ejercicio personalizado y autoritario del poder.

Por ello, los conflictos han sido recurrentes en la historia política reciente del estado de Guerrero como consecuencia de la lucha, en muchos casos violenta, entre los grupos, caudillos y caciques por el poder local en el ámbito cerrado del partido oficial. Como insistimos al respecto, aun en la fase de constitución del régimen mexicano se produjo en la entidad violencia e inestabilidad política porque mientras localmente los grupos rivales de agraristas, caudillos militares y revolucionarios civiles luchaban por el poder, el "oficialismo revolucionario" buscaba establecer su control sobre la entidad.

Puede decirse entonces que el "oficialismo revolucionario", durante el proceso armado y después del mismo, hizo del caciquismo en Guerrero, en cuanto fenómeno de manipulación social, uno de sus recursos de dominación. Por ello lo protegieron, lo apoyaron y se sirvieron de él con el propósito de consolidar su control. En efecto, frente a la ausencia de poderes públicos que actuaran conforme a la Constitución los jefes de la revolución se convirtieron en caudillos regionales, y los estados en espacios otorgados por el gobierno federal primero a esos caudillos y luego a los políticos revolucionarios leales al mismo y no en entidades políticas con autonomía para gestionar las demandas sociales conforme a la propia legalidad del régimen. De esta manera, tanto los caudillos militares como los políticos revolucionarios se convirtieron en intermediarios de los poderes centrales, puesto que los cacicazgos regionales autónomos resultaban adversos a la estructura corporativa de poder nacional que surgió con la revolución y solamente fueron aceptados como medios de poder funcionales al nuevo régimen. El caso de la familia Figueroa es ejemplar al respecto, pues los encuentros y desencuentros con el oficialismo revolucionario son el resultado de su propio empeño por mantenerse como caciques autónomos hasta la plena aceptación de las reglas del régimen.

La función de intermediación política que inicialmente desempeñaron los caudillos y caciques locales posteriormente recayó, con el ascenso del régimen de la revolución, en políticos dispuestos a hacer una carrera en los círculos cerrados del partido oficial, donde la lucha entre la burocracia se resuelve sobre todo en función de la disciplina partidista, lo que les permite acceder a los beneficios que otorga un ejercicio del poder ajeno a la competencia política y los controles institucionales. De esta manera, el Ejecutivo federal afirmó su calidad de mediador y "gran elector" entre los grupos de poder locales, convirtiéndose en el único árbitro de la política mexicana pero "no un árbitro imparcial. Cede el poder por un criterio de lealtad, de preferencia, pero no necesariamente por uno de comunidad, menos aún por uno que pudiera representar un proyecto político alternativo al de la elite de la que forma parte".[13] Así, a los revolucionarios civiles que sucedieron a los jefes de la revolución, como Rodolfo Neri, Eduardo Neri, Miguel F. Ortega, Ezequiel Padilla o bien José Inocente Lugo, habrían de sucederlos políticos formados dentro de las prácticas corporativas y clientelares del régimen, como ocurrió con los gobernadores Alejandro Gómez Maganda, Raymundo Abarca Alarcón, Caritino Maldonado Pérez, Rubén Figueroa Figueroa y Alejandro Cervantes Delgado, quienes se formaron y desempeñaron dentro de la disciplina partidista del régimen.

La doble necesidad que ha tenido el régimen político mexicano de controlar a los grupos sociales, pero también de apoyarse en ellos para reclamar así una cierta forma de legitimidad, se resolvió en el caso de Guerrero, entidad con un acentuado atraso económico y carente también de organizaciones sociales autónomas, con la subordinación y organización

---

[13] José Luis Reyna, "Democratización en México: límites y posibilidades", en *Modernización económica, democracia política y democracia social*, El Colegio de México/Centro de Estudios Sociológicos, México, 1997, p. 185.

clientelar de los guerrerenses a las estructuras del poder local, hecho que se ha convertido en el obstáculo fundamental para el desarrollo de la entidad, sobre todo porque con ello los ayuntamientos quedaron anulados y porque, de esta manera, sin una representación popular auténtica la marginación política significó también la marginación social. En efecto, las estructuras de intermediación del régimen desvirtuaron el municipio, como lo destacó Moisés Ochoa Campos a principios de los años sesenta. A ello se suma la penuria económica municipal como lo muestra el hecho de que un solo municipio, el de Acapulco, concentre aproximadamente 50% de los ingresos municipales del estado,[14] lo que es revelador de la debilidad económica de los municipios y de su anulación política. Ello como consecuencia de las prácticas del poder que desvirtúan al municipio como instancia de representación ciudadana.

La ausencia del ejercicio de la ciudadanía debido al abatimiento económico y político de los municipios va más allá de lo que puede ser una crítica de carácter moral al régimen desde el concepto de ciudadanía, pues "los ciudadanos no son verdaderamente tales ya que son más parte de clientelas que sujetos políticos autónomos",[15] para convertirse en un problema social y político que se expresa, como vimos, en el abandono político y la penuria económica de los municipios.

De esta manera, desde el surgimiento y consolidación del régimen mexicano el estancamiento político se expresa en la carencia de canales para las expresiones y manifestaciones de la ciudadanía. Pero la "ausencia de canales de expresión popular es presagio de explosión violenta"[16] y, como acertadamente dice Pablo González Casanova, no necesariamente de violencia política, sino de un malestar violento[17]. Es en este sentido que

---

[14] *Cfr.*, *supra*, pp. 62-64.

[15] Francisco Zapata, *op., cit.*, p. 23.

[16] Carlos Fuentes, *Tiempo mexicano*, 16ª. ed., Joaquín Mortiz, México, 1992.

[17] Pablo González Casanova, *La democracia en México*, Era, México, 1993, p. 151.

queremos señalar que los problemas del atraso, la inestabilidad política y la violencia tienen en Guerrero un carácter estructural, puesto que son el resultado de formas de organización impuestas por el régimen que han imposibilitado las expresiones ciudadanas y el desarrollo social y económico.

Consideramos así que lo que ha prevalecido en la entidad ha sido la disputa de los grupos por acceder al poder —bajo las reglas del régimen— y beneficiarse con él. En este sentido, incluso las sucesivas intervenciones de los poderes federales en la desaparición de poderes en Guerrero no han tenido como propósito preservar poderes constitucionales, sino sobre todo someter a los poderes locales a los dictados del Ejecutivo federal. Bajo estas condiciones, la violencia e inestabilidad política del estado ha obedecido, entre otras causas, a gobiernos no surgidos conforme a una legalidad electoral, puesto que son designados por el centro y, además, a las pugnas por el control del poder local con el concurso de los mecanismos informales que han contribuido a fortalecer un sistema político presidencialista en detrimento de poderes autónomos y subordinados a derecho (como es el caso de la situación actual de los municipios). Puede entenderse entonces que al lograrse la completa subordinación de los poderes locales a los poderes centrales con la imposición de Rafael Catalán Calvo por el PRM, este se convirtiera, el 1 de julio de 1941, en el sexto gobernador electo bajo las reglas del régimen después del triunfo de la revolución y que, con excepción de Rodolfo Neri, todos sus antecesores hayan afrontado serias dificultades sin haber podido terminar su periodo de gobierno.

Al integrar al estado a un pacto corporativo-clientelar, este se ha mantenido como uno de los estados más atrasados del país. Por la forma en que se ha reproducido ese atraso y se manifiesta la violencia e inestabilidad política, puede decirse también que Guerrero es la expresión más crítica de un régimen político que ha tenido como finalidad, en última instancia, no el reconocimiento de los derechos de los mexicanos, sino el monopolio político-corporativo del país. Son las reglas del poder que se han producido bajo esa circunstancia, las que han convertido al estado en un botín para los grupos políticos de la entidad y no en una sociedad susceptible de desarrollo bajo condiciones de legitimidad y eficacia institucional.

Puede así entenderse que el gobierno del estado, el PRI y sus organizaciones hayan entrado en crisis ya en 1960 —como lo vimos en el libro. En efecto, a fines de ese año se manifiesta abiertamente la crisis del régimen a nivel local cuando el gobierno del estado y sus organizaciones muestran su incapacidad para resolver los problemas políticos que entonces se le plantearon hasta el extremo de que tienen que recurrir al ejército para contener las manifestaciones sociales de una ciudadanía que empieza a organizarse con autonomía. Se trata de un problema de legitimidad del que en realidad nunca se ha recuperado. Debe recordarse además, con relación a la crisis política local, que después del movimiento de 1960 se realizaron elecciones para gobernador en diciembre de 1962, mismas que pusieron de manifiesto la inexistencia de condiciones en el marco de la estructura local para la competencia pacífica y plural por el poder político estatal. En efecto, la Asociación Cívica Guerrerense se manifestó en contra de lo que ellos consideraron un fraude electoral, dando lugar a la represión por parte del gobierno del estado. Genaro Vázquez Rojas fue entonces perseguido y José María Suárez Téllez, candidato a la gubernatura por los "cívicos" y el Partido Popular Socialista, fue encarcelado y estuvo preso hasta octubre de 1963. Todo ello después del mitin efectuado el 31 de diciembre de 1962 en Iguala para protestar por el carácter fraudulento de dichos comicios.

Tales hechos han traído consigo el escepticismo ciudadano con relación a los procesos electorales. Con el nuevo gobierno de Raymundo Abarca Alarcón (1963-1969) la violencia política persistió e incluso se incrementó, pues se reprimió en Atoyac en 1967, se asesinó a los copreros en Acapulco y se encarceló a Genaro Vázquez Rojas en Iguala. En esas condiciones, el PRI ha controlado a las masas sobre todo con el recurso a los instrumentos del gobierno, pero en realidad ha dejado de ser un vehículo capaz de expresar las demandas de los guerrerenses. Lo anterior, nos parece, explica en buena parte el atraso, la inestabilidad y la violencia que han sido recurrentes en el estado de Guerrero, sobre todo después de los años sesenta.

Posteriormente, durante los años setenta la crisis de legitimidad se expresó, también, en los procesos electorales organizados desde las esferas del poder político. Fue entonces cuando se empezó a manifestar la pérdida de votos, lo que reveló la crisis de los controles patrimoniales del poder local y la insatisfacción social respecto de una estructura del poder autoritaria e ineficiente para hacer valer el compromiso entre la participación política corporativa y el desarrollo. De esta manera, de procesos como el de 1974, donde el partido oficial prácticamente obtenía la totalidad de los votos, se pasa 19 años después, en 1993, a elecciones que revelan la crisis de legitimidad del poder local, pues la participación electoral cayó al 33% y el PRI redujo su porcentaje de votos al 61% de los sufragios emitidos.

Bajo las anteriores consideraciones nos parece que es posible una mejor comprensión de la estructura política del estado, la estructura social y económica, así como de la relación entre ellas. Queremos sostener, así, que la marginación social se produce en el ámbito de una estructura del poder que ha dado lugar a la marginación de los ciudadanos y de sus derechos y cuyo compromiso corporativo ha terminado por favorecer, casi de manera exclusiva, a la burocracia partidista.

Sociedad y conflicto en Guerrero: reconsideración final
Con relación al carácter conclusivo del presente capítulo quisiéramos insistir que nuestro interés se ha orientado, sobre todo, a mostrar el carácter estructural de los problemas del estado de Guerrero. A ese interés obedece la manera en que conjuntamos ciertos datos de la historia política de la entidad, de su situación

social y económica, así como de los problemas de violencia y de participación ciudadana. Todo ello en el proceso de conformación del régimen de la Revolución mexicana en Guerrero y en el que se privilegiaron formas de organización centralistas y autoritarias que dieron lugar a un sistema cerrado de distribución y transmisión del poder, lo que propició que en Guerrero, entidad con un acentuado atraso económico, la subordinación y organización clientelar de los campesinos a las estructuras del poder local se convirtiera en el obstáculo fundamental para el desarrollo social.

En esa perspectiva es posible afirmar que los problemas de atraso y pobreza así como de violencia e inestabilidad política, son problemas que pueden ser explicados en el ámbito de la estructura del poder local y, sobre todo, a partir de la correlación que se da entre una participación política corporativa y el atraso económico. Esa estructura del poder ha dado lugar, localmente, a una inhabilitación de la vida pública como medio de discusión y análisis de los problemas sociales. Por ello insistimos y buscamos mostrar la inhabilitación de los ayuntamientos como instancias de toma de decisiones ciudadanas. Por ello también hemos afirmado que Guerrero es la expresión más crítica de un régimen fundado en el monopolio político-corporativo del país donde la presidencia controla los programas económicos, los procesos electorales, a la burocracia política y a los gobiernos locales. La solución a lo anterior solamente puede encontrarse revirtiendo la centralización política inherente a un régimen autoritario, para devolver la iniciativa a la ciudadanía y a los municipios en el desarrollo social y económico.

Lo que caracteriza así al estado de Guerrero es una agudización de la pobreza en un ámbito de lo público centralizado y jerárquico. Se trata de una estructura de poder que ha inhabilitado la participación política efectiva y que, por tanto, ha contenido las demandas y la acción ciudadana. Los problemas de pobreza y de inestabilidad social son el resultado de una estructura del poder que ha imposibilitado la participación con el agravante, ahora, de que la pauperización de la gran mayoría de la población guerrerense, sobre todo de los campesinos, se ha convertido en un factor consustancial a esa estructura autoritaria del poder porque da lugar a la manipulación del voto y de los derechos políticos. La pobreza se ha convertido con ello en un impedimento para alcanzar una cabal legalidad democrática.

Bajo las anteriores consideraciones, hemos llevado a cabo un estudio referido a las estructuras del poder en Guerrero, pero que trata también de dar cuenta del sistema político mexicano y del tipo de organizaciones que desplazaron a los grandes grupos sociales del país del ámbito de las decisiones políticas (aspecto abordado en la Primera parte). Quisimos mostrar, además, la forma en que se involucran las estructuras caciquiles del poder local y las condiciones sociales y económicas del estado de Guerrero (Segunda parte). Tratamos de argumentar, también, que la crisis económica y la violencia e inestabilidad política que se han vivido en la entidad después de la revolución son el resultado de una estructura de poder donde no se cumplen las leyes ni se respetan los derechos, inhabilitando así las condiciones para procesar las demandas de la sociedad civil en un ámbito de estabilidad y legitimidad institucional (Tercera parte).

La naturaleza del poder local
De acuerdo con lo anterior, deseamos concluir señalando que nuestra reflexión trató de integrar un conjunto de elementos de índole histórico, económico, social y político, a fin de establecer ciertas relaciones estructurales que puedan ser significativas para explicar la violencia e inestabilidad política así como el atraso en el estado de Guerrero. De particular importancia, al respecto, es destacar la configuración del poder local que, de acuerdo con los aspectos considerados, se definiría en función de la iniciativa de organizar a los campesinos estableciendo así las bases corporativas del cacicazgo rural de origen agrarista.

En efecto, en Guerrero, como en otras partes del país, el compromiso entre el gobierno del estado y los campesinos dio lugar a la movilización política de la entidad (se establece así el Partido Socialista de Guerrero y la Liga de Comunidades y Sindicatos Campesinos del Estado de Guerrero), más aún cuando la iniciativa reformista-agrarista corre a cargo de un antiguo combatiente zapatista, el gobernador Adrián Castrejón (1929-1993). Cuando llega el momento, sin embargo, de designar a su sucesor y el gobernador Castrejón se inclina por Ezequiel Padilla para sucederlo, quien se impone finalmente fue Gabriel R. Guevara con el apoyo de Plutarco Elías Calles y el Partido Nacional Revolucionario. La eficacia del partido del "oficialismo revolucionario", en cuanto organismo del "Jefe Máximo", lo revela el hecho de que con la imposición de Guevara el PNR obtuvo un triunfo sobre la organización política de un gobernador en ejercicio. Y, no obstante los intereses latifundistas de Guevara, el discurso político del nuevo gobernador del estado es el de la revolución: que "no se propugne por la irrisoria igualdad política, que ha sido el opio con que se han adormecido a las masas trabajadoras, sino que su acción se dirija hacia la conquista de la igualdad económica", afirmó categóricamente Gabriel R. Guevara en su primer informe de gobierno.

La radicalidad del discurso revolucionario se expresa, por otra parte, en un estado profundamente atrasado y con una población predominantemente campesina, lo que exacerba ciertamente el discurso político pero impide la organización independiente de los campesinos. Ello fue abiertamente reconocido por el gobernador Rafael Catalán Calvo al finalizar su periodo en 1945. En efecto, en ese momento él afirmaba lo siguiente: "Los campesinos están casi ayunos de organización, pues la liga de comunidades agrarias, agrupa en su seno a los ejidatarios más bien con fines políticos", lo que significa el reconocimiento del carácter corporativo del sistema que convierte en realidad a las fuerzas sociales que lo componen en extensiones del gobierno.

Lo anterior dio lugar a que las demandas campesinas, en Guerrero, fuesen recogidas y procesadas por los organismos del gobierno no en función de las necesidades de ese sector, sino sobre todo por la capacidad de sus propias organizaciones conducidas por la burocracia política partidista para negociar tales reclamos, lo que explica que en una situación como la guerrerense, caracterizada por el atraso, se haya impuesto sobre todo la manipulación sobre sus demandas. La organización campesina, jefaturada por la burocracia política en la entidad, se convirtió así en una mera extensión del poder local.

Por lo que se refiere al régimen mexicano que da forma a la estructura del poder local, conviene insistir que la forma y contenido que reviste el mismo se explica no en el marco de los Estados constitucionales modernos, en los que la Constitución y los derechos que ella establece son el referente de la vida pública y de las acciones del poder, sino en la pretensión de constituirse en una gran alianza social con los trabajadores y campesinos del país para enfrentar el atraso educativo, social, económico y cultural como condición de su legitimidad. No obstante, el carácter corporativo y unipersonal del régimen desvirtuaron sus postulados sociales en favor de un desarrollo económico acelerado que concentró el ingreso y reprodujo la injusticia social. Puede decirse, así, que el partido oficial no fue nunca un partido político para acceder al poder bajo las condiciones de una competencia política equitativa y abierta, sino un medio para disciplinar a la sociedad desde sus organizaciones, bajo las que se negociaba el poder político a través de intermediarios y caciques con la decisión final del Ejecutivo estatal y, en última instancia, del Ejecutivo federal.

En efecto, con las reformas en favor de la justicia social como programa de la revolución se dio lugar, también, a procesos autoritarios que terminaron por anular los derechos políticos, incluso durante el gobierno de Lázaro Cárdenas las reformas sociales se llevaron a cabo fortaleciendo al partido único. En consecuencia, el poder político se negociaba y obtenía a través del control de las organizaciones. Es en este sentido que los cacicazgos locales resultan funcionales al régimen. El partido oficial distribuyó por sectores los puestos de "elección popular", mientras que el "oficialismo revolucionario" se legitimó a través de la hegemonía del partido del gobierno cuya base no es de ciudadanos, sino de sectores corporativamente representados.

La reforma agraria como medio de control político
Con el régimen de la revolución, cuyas estructuras corporativas en Guerrero resumimos en el inciso anterior, la reforma agraria en el estado fue utilizada, como dijimos, como medio de control político y no de fomento a la agricultura, lo que explica que luego de la reforma agraria llevada a cabo durante lo que se ha llamado la fase políticamente activa de la revolución entre 1929 y 1940, el estado de Guerrero mantenía una agricultura pobre e inferior al promedio de la República. Después de 1940, al desarrollo económico como criterio de legitimación del régimen se le impuso una visión de corto plazo sujeta a las prácticas autoritarias y al beneficio que otorga el poder. De allí que las inversiones se orientaran sobre todo al ramo turístico. Todo ello ha impedido el desarrollo de una sociedad en su mayoría campesina.

A lo anterior debe agregarse la inexistencia de un programa agrario, formalmente expuesto, durante la fase armada de la revolución. En efecto, las características del atraso extremo de la agricultura y de la vida social en Guerrero, así como el control que impusieron sobre el movimiento los grupos de la clase media rural en 1911, explican que el programa político inicial de la revolución en el estado sureño no formulara demandas propiamente agrarias, como se manifiesta en el informe del 15 de noviembre de 1911 del gobernador maderista Francisco Figueroa: "el Ejecutivo ha logrado conjurar el peligro, emplazando para más tarde las demandas de los pueblos, a fin de que no ocurran a la violencia y de que la propiedad sea respetada". De esta manera, las causas del levantamiento armado según los intereses de los grupos que lo impulsan se referían, sobre todo, a la demanda de un régimen más inclusivo políticamente. Lo que reclamaban, fundamentalmente, era poner fin a la restricción de la participación de los grupos locales en la política estatal.

Con la llegada de los caudillos locales de la revolución al gobierno del estado (como Francisco Figueroa, Héctor F. López y Adrián Castrejón), lo que finalmente determinó la situación del campesinado fue una estructura política que incorporaba a los campesinos a las decisiones del gobierno, con lo que las fluctuaciones en el ritmo de la reforma agraria quedaron subordinadas a los sucesos políticos del estado y del país. Por ello también, los recursos destinados al campo en materia de crédito e irrigación se concentraron, como lo demandaban los caudillos revolucionarios, en el norte y el noroeste para impulsar allí una agricultura comercial. En cambio, en Guerrero el interés del gobierno obedeció más bien a la necesidad de incorporar a los campesinos como base social del régimen. A los sectores atrasados se les repartió la tierra, pero no los recursos como la irrigación y el crédito para apoyar su desenvolvimiento. Lo que terminó por prevalecer dependió de las prioridades económicas y políticas que se resolvían desde la estructura corporativa y burocratizada del poder.

El atraso económico y la marginación social en Guerrero habrían de agudizarse después de 1940, porque lo que se inició entonces en el país fue un proyecto de modernización económica con exclusión social que acentuó el atraso de la entidad respecto de otras regiones. El dualismo económico entre la agricultura comercial y de subsistencia que persistió entre 1929 y 1940 dio lugar, en el periodo de 1940 a 1977, a un nuevo dualismo entre el desarrollo industrial y el atraso económico. En efecto, el crecimiento económico de México se sustentó, como destacamos, en el crecimiento de la agricultura a partir de 1935, lo que permitió que los ingresos en divisas del sector agrícola se hayan empleado para financiar la industrialización mexicana, propiciando que hasta los años setenta se creciera a una tasa anual de más del 6%. La postración de la agricultura campesina en Guerrero, por el fracaso local de la reforma agraria, impidió también el desarrollo industrial.

Para describir la actual estructura social y económica del estado caracterizada por la marginación social, sobre todo en el medio rural, destacamos que en Guerrero, con una agricultura predominantemente de autoconsumo, no ha existido un proceso de industrialización efectivo e, incluso, la actividad agrícola a partir de 1960 ha decrecido en importancia y solamente el sector de servicios se ha visto fortalecido. Tenemos en resumen que no obstante que Guerrero sigue siendo una entidad con una población de origen predominantemente campesino, su producción agrícola representó para 1993 solo 10.4% del Producto Interno Bruto (PIB) del estado. En contraposición, el sector servicios significó, en el mismo año, 75% y el sector industrial permaneció estancado representando 14.9%. Todo ello, además de perfilar en términos generales la estructura socioeconómica del estado, nos muestra el potencial conflictivo de la misma.

Poder y conflicto

En cuanto a la correlación entre la estructura del poder y el conflicto social y político en Guerrero, hemos destacado que la intolerancia del gobierno respecto de las demandas opositoras es el resultado de una concepción y un ejercicio del poder que se circunscribe al partido oficial y que, como dijimos, tiene como principal objetivo el disciplinamiento de la sociedad a través de sus organizaciones. De esta manera, la intolerancia y la represión gubernamental con los movimientos disidentes se explica por el control oficialista que ha impuesto el régimen a las demandas como condición de su propia permanencia. Revela, también, la carencia de institucionalización de los poderes locales conforme a la Constitución puesto que, como vimos, con la creación del partido oficial no se busca poner en práctica un sistema de partidos que permita la competencia plural y equitativa para acceder al poder, sino más bien monopolizar la actividad política de la nación y moderar las demandas en favor de los intereses del régimen.

La inexistencia de procedimientos y organizaciones políticas que con sujeción a la ley procesen las demandas sociales se ha convertido en el terreno propicio para poner en práctica programas sociales clientelares de muy restringido alcance en el caso de Guerrero, dando lugar, como contraparte, a la falta de oportunidades y de bienestar social, puesto que no se incorpora a los grandes grupos sociales en la definición y resolución de los problemas conforme a sus derechos, produciéndose en consecuencia una correlación entre frustración social e inestabilidad política. Es en este sentido que se vinculan la estructura del poder local y el conflicto social y político en el estado de Guerrero.

Consideramos que la violencia e inestabilidad política que prácticamente de manera cotidiana se manifiestan en la entidad suele obedecer a problemas políticos, como ha sucedido con la represión de los movimientos cívicos opositores, o bien al carácter e insuficiencias institucionales de la estructura del poder local, es decir, a la inexistencia de un orden e instituciones que permitan la defensa y promoción de los derechos ciudadanos en un ámbito de estabilidad social. La insuficiencia institucional de esta estructura política hace que resulte extremadamente difícil procesar las demandas ciudadanas por medios legítimos.

Finalmente, conviene insistir que la hegemonía política del régimen descansó en su capacidad de monopolizar, pero también de canalizar el clientelismo político, lo que dependió, sin embargo, de la capacidad de organización y presión de los grupos sociales. En Guerrero, en cambio, donde privó el atraso económico y la postración de las comunidades rurales, lo decisivo fue el control político de los campesinos y no la canalización de sus demandas. En esas circunstancias, el estado se convirtió en uno de los escenarios peculiares del país porque ha sido allí donde se han expresado con mayor agudeza las contradicciones internas del régimen político mexicano.

A la persistencia del conflicto e inestabilidad se suma, ahora, la insuficiencia institucional de los poderes locales para hacer posible la competencia pacífica por el poder y para generar la confianza y la adhesión de los ciudadanos. En ese sentido, los procesos electorales de 1988 a 1993 en Guerrero revelan la crisis de legitimidad de la estructura del poder tanto por la acelerada pérdida de votación del partido oficial, como por el incremento en los índices de abstención.

Puede afirmarse, en suma, que la violencia e inestabilidad política que ha privado en el estado de Guerrero y se agudiza en los años sesenta y setenta tiene su origen, como hemos visto, en una institucionalización insuficiente y fallida del régimen, porque lo que privó en esta forma de gobierno no fueron los principios sociales y políticos de la Constitución de 1917, sino un poder informal y discrecional que descansó en el Ejecutivo, no obstante el discurso político a que dio lugar el proceso armado y que más bien contribuiría a agudizar la inconformidad al generar expectativas en la cultura cívica que se contraponían con las realizaciones del régimen político. El parámetro con que se mide la injusticia social y el ejercicio del poder en Guerrero, en 1960, es el propio discurso de la Revolución mexicana.

Epílogo

El reto de la sociedad política

La sociedad guerrerense es hoy una sociedad inmersa en la inmediatez de su existencia. Incluso parecería que nos hemos convertido en personas ajenas entre nosotros, sin lazos que nos unan. Buscamos imponernos unos a otros, deseosos de llegar a ningún lugar porque en realidad nada existe a donde se pueda llegar en solitario. La vida social o se construye en común, o se convierte en la quimera de un egoísmo ciego. Entregados a nuestro yo individual la vida humana se vuelve inalcanzable porque todo lo que vale la pena de ser vivido se construye socialmente. ¿Qué ha construido cada uno de nosotros individualmente? Nada o muy poco. Todo aquello por lo que vale la pena vivir lo construimos entre todos, es decir, como seres sociales.

Somos hoy una sociedad rota. Nos damos la espalda unos a otros a fuerza de vivir en una sociedad que ha dado la espalda a las tareas colectivas, es decir, le ha dado la espalda a aquellas formas de organización social reguladas por reglas e instituciones en las que se expresa la voluntad legítima del conjunto. Por el contrario, en nombre de una supuesta radicalidad de nuestras demandas —heredadas del pasado— con frecuencia mantenemos y exacerbamos nuestros problemas, pues propiciamos así una interpretación facciosa de nuestra existencia social al exigir el ejercicio del poder en la búsqueda no de soluciones sociales, sino de privilegios individuales o de grupo. Todo esto ha impedido la institucionalización de una auténtica sociedad política cuya iniciativa y fundamento descanse en los propios ciudadanos. Habitamos pues una sociedad contenida y que aún no se ha abierto a su despliegue y realización colectiva, a su perfectibilidad conforme al talento y voluntad de sus ciudadanos.[1]

---

[1] El reto en términos de una consolidación de la ciudadanía guerrerense no es menor. En nuestro estado, si bien la tasa de analfabetismo entre quienes tienen 15 años o más disminuyó 10.1 puntos porcentuales entre 1990 (26.8%) y 2010 (16.7%), el promedio de escolaridad pasó de 5.1 años en 1990 a 7.3 en 2010, lo que equivale a una escolaridad de primer año de secundaria

Nos queda entonces la tarea de construir las normas e instituciones que hagan posible esta realización social, pero que sobre todo lo hagan posible de manera libre y justa conforme al cumplimiento de una voluntad de legitimidad como sustento de las mismas: es decir, conforme al cumplimiento de una vida constitucional y de derecho social que asegure, como tal, la realización de la ciudadanía y contrapuesta, por ello, a cualquier forma de coacción y dominación, en suma, con un ejercicio del poder político sometido a una normatividad cuya soberanía radique en los propios ciudadanos conforme a la idea de la ley y del derecho mismo. Es claro, sin embargo, que todo ello depende del alcance nacional de dichas tareas.

El primer atisbo libertario de lo que empezaba a ser la nueva sociedad política mexicana se manifestó precisamente aquí en lo que hoy es la capital de nuestro estado, Chilpancingo, en 1813. Fue aquí donde Morelos proclamó los *Sentimientos de la nación* como principio y fundamento constitucional de un amplio Estado de derecho capaz de dar lugar a la emancipación social de los *americanos*, conforme a una normatividad surgida de la exigencia de la realización positiva de su libertad. En ese sentido la mayor significación del documento de Morelos fue el hecho de haber comprendido a cabalidad que una sociedad libre y justa solo puede ser el resultado de la acción de sus propios ciudadanos.

En efecto, en la época moderna la emancipación social no encuentra ya otro fundamento que esa disposición a emanciparse políticamente conforme a un autogobierno fundado en el principio de la *idea de la ley* porque solo de esta manera es alcanzable una sociedad libre y justa a partir de la disposición del conjunto de los ciudadanos de someterse a la *ley misma* como expresión de una voluntad legítima y, como tal, contrapuesta al sometimiento de la voluntad de uno solo (como en el caso del absolutismo y el despotismo monárquico) o de un grupo: tal es

---

terminado. Solo el 19.6% finalizó la educación media superior y el 12.9% concluyó la superior.

el alcance de una verdadera sociedad política, democrática y republicana, como la vislumbrada por Morelos y su convicción política de que la emancipación social pasaba por el quehacer político legítimo de los *americanos* de actuar en conformidad con la racionalidad y universalidad de la ley.

En abierta contraposición con esta lección fundamental de nuestra historia política, el régimen de la Revolución mexicana no se propuso, como buscamos mostrar en el presente libro, la constitución de un régimen de leyes e instituciones, sino la "redención" social de la sociedad mexicana. Con ello, el régimen de la revolución resultó adverso a cualquier forma de pluralismo político porque propició un sistema político corporativo y jerárquico contrapuesto a una vida pública activa para privilegiar, en cambio, un país homogéneo configurado desde el partido oficial y la voluntad del presidente en turno. El estado de cosas a que dio lugar dicho régimen en las distintas entidades del país, y en nuestro caso en el estado de Guerrero, se explica en el pasado siglo XX a partir de ese hecho fundamental.

*

En la primera edición de *Sociedad y conflicto en el estado de Guerrero, 1911-1995. Poder político y estructura social de la entidad,* nos propusimos mostrar el vínculo entre el régimen de la Revolución mexicana y los rasgos más distintivos de la sociedad guerrerense, buscando de esta manera mostrar la naturaleza de ese gobierno al insistir tanto en sus fundamentos y procedimientos como en sus alcances y consecuencias sociales. Esta nueva edición nos ofrece ahora la posibilidad, de gran interés para nosotros, de asumir esa experiencia no solamente como una etapa histórica del estado de Guerrero, sino como una reflexión social más amplia sobre la época actual de nuestro país y sobre nuestra entidad, así como de nuestro eventual porvenir social y político.

En efecto, la permanencia del régimen de la revolución durante prácticamente todo el siglo XX, y aún en el sexenio de 2012-2018, constituye una herencia inexcusable con relación a la época política actual y lo es porque ese ejercicio del poder no solo se propuso un cambio de régimen, sino sobre todo abolir el antiguo orden social y para ello hubo de concentrar el poder a través del carácter corporativo del partido oficial con el que se construyó la unidad nacional y se disciplinó a la sociedad mexicana en sectores sociales con la consiguiente pérdida de una sociedad de ciudadanos. En definitiva, se trataba de conseguir la realización social del país no desde el quehacer de sus propios ciudadanos, sino desde el control político de ese gobierno.

Hay que decir, sin embargo, que bajo ese rígido control clientelar desde el poder la sociedad guerrerense —fundamentalmente campesina entonces—, se convirtió en un electorado fiel del régimen y la reforma agraria terminó por paralizar al campo guerrerense, dando lugar a la dependencia y sumisión administrativa de una sociedad sin capacidad de organización y realización social propias. Lo anterior reforzado porque dicho régimen inhabilitó toda organización social intermedia para quedar de esta manera como instancia única y, por ello, necesaria de la vida pública del país. El régimen presidencialista y centralista del país se cimentó bajo estas condiciones, por lo demás abiertamente contrapuesto, como decimos, a un régimen de derecho en su contenido moderno, es decir, bajo la supervisión de los propios ciudadanos.

La consecuencia última de esos hechos es el desafecto en que *acaba por caer la ley* en la marcha de la cosa pública, ello dada la recurrencia de una sociedad cuyo horizonte de realización y hábitos se circunscribe a su relación con los propios hábitos administrativos de la burocracia política. De esta manera, tienen lugar —por señalar un ejemplo—, concesiones y una multiplicación de plazas que burocratizan, agobian y distorsionan la vida pública dando lugar, además, a una lealtad con el régimen que no se finca en el convencimiento propio, sino en el siempre frágil interés individual o particular que ello representa y la exigencia de una renovación ampliada de tales "concesiones" que trastoca la vida pública porque se llevan a cabo fuera de las normas constitucionales, pero que se exigen como si se estuviera demandando su aplicación, lo que suele desembocar ahora en reiteradas situaciones de inestabilidad social.

Lo anterior contribuye a la distorsión de la vida pública pues esta forma de proceder —en la que las demandas públicas se atienden y en todo caso se resuelven en función de la afinidad entre quienes las plantean y los funcionarios del régimen— transgrede un quehacer de lo público sujeto a normas. Otro efecto nocivo es que con ello se da lugar a la exacerbación de un individualismo y particularismo abiertamente contrapuesto a la solidaridad que se gesta entre los ciudadanos en un régimen constitucional. Pero lo que mejor explica ahora nuestra vida pública, tan proclive a la inestabilidad social, es que las demandas son resueltas por la administración en la medida en que dan lugar a hechos que nada tienen que ver con la legitimidad de las mismas. De este modo, sin el vínculo de la ley tiene lugar un orden social donde privan los intereses particulares que arrastran a la sociedad a una nueva forma de individualismo, aquella que se gesta en un régimen clientelar contrapuesto al orden constitucional.

Si bien la persistencia de tales prácticas en el ejercicio del poder pudieron resultar funcionales bajo la consideración de los "ideales" de la revolución, ellas ahora resultan abiertamente contrapuestas y disruptivas en una sociedad fundamentalmente urbana y cuyas demandas solo pueden ser procesadas bajo un régimen constitucional y de derecho que devuelva a los ciudadanos la iniciativa y responsabilidad en la resolución de sus propios problemas. En ese sentido, la persistencia de un régimen unipersonal y centralista es hoy ya abiertamente disfuncional respecto de nuestra realidad social.

Así, la inestabilidad política deviene no por la inexistencia de la ley, sino por la irrelevancia que adquiere en un régimen con una centralización excesiva donde la voluntad presidencial se convierte en la voluntad predominante; en una sociedad, por ello, privada de sus facultades constitucionales porque por encima de ella se ha erigido una voluntad sin contrapesos constitucionales, encargada de hacerlo todo en su nombre para dar "cumplimiento a los objetivos de una supuesta transformación radical"; de esta manera, el derecho, el pueblo y el ciudadano se convierten en principios abstractos que exacerban, en cambio, la omnipotencia del poder.

La inestabilidad política se gesta entonces con el abatimiento y la destrucción de aquellos contrapesos indispensables para la salvaguarda y realización de los procesos democráticos y republicanos. Frente a una situación semejante Alexis de Tocqueville afirma que *lo que no podremos ver en estas sociedades son grandes ciudadanos, y mucho menos un gran pueblo, y no temo aseverar que el nivel común de los corazones y de los espíritus nunca cesará jamás de abatirse en tanto coexistan la igualdad y el despotismo... de ahí que se pueda decir de manera rigurosa que el apego que se muestre al gobierno absoluto guarda proporción directa con el desprecio que se profese por su país.*[2] En efecto, el abatimiento de la ciudadanía —y de la sociedad civil en su conjunto—, ha resultado también consustancial en nuestro país a la centralización y burocratización del poder.

El resultado último no ha sido otro que la inhabilitación de un régimen constitucional de instituciones que dé lugar a un amplio Estado de derecho que impulse la organización y el desarrollo de la sociedad civil. Todo ello conforme a la libertad política de un régimen constitucional que propicie, también, procesos políticos democráticos que permitan la realización de una sociedad de ciudadanos con una organización común bajo la dependencia de la ley como única dependencia social legítima

---

[2] Alexis de Tocqueville, *El antiguo régimen y la revolución*, FCE, México, 1996, pp. 82-83.

posible. De esta forma, nuestro estudio puede verse además —y esa es nuestra intención— como una reflexión sobre la naturaleza del poder y de la política y la manera en que dan forma y contribuyen a las realizaciones más propias de una sociedad organizada conforme a fines y principios autoimpuestos y no dictados desde el poder.

En el caso de México y de Guerrero, más allá de las pretensiones del programa social del régimen de la revolución lo que nos muestra su historia política son los resultados concretos de un régimen que en nombre de la radicalidad de su programa y de la supuesta pretensión de justicia social que lo impulsaba, centraliza y monopoliza el poder político para dar lugar a un orden público cerrado que inhabilitó la acción social de los propios ciudadanos, dando lugar en cambio a una sociedad sometida y dependiente del poder y donde la brecha social, además, se ha ampliado en la medida en que ha propiciado nuevas formas de servidumbre frente al poder, como aquellas que tienen lugar cuando el Ejecutivo se convierte en el único referente de la vida pública. Permítasenos a continuación una breve digresión sobre la libertad política como problema práctico para volver enseguida al tema del régimen de la revolución.

El alcance y carácter disruptivo y emancipador del pensamiento político del siglo XVIII, en particular de Jean-Jacques Rousseau, puede explicarse porque se situó en el reconocimiento de que el carácter y fundamento emancipatorio de la sociedad política no puede tener otro sustento que la capacidad de *autogobierno* del ser humano en su condición de ciudadano. La libertad propiamente política solo tiene lugar, en este sentido, cuando el ser humano logra instituir un modelo de autogobierno conforme a su propio quehacer legítimo. Dicha tarea de la política y del Estado, sin embargo, solo puede ser cumplida cuando el quehacer práctico que le da origen es llevado a cabo considerando los asuntos humanos en su generalidad y, por ello, no como una tarea particular sino como resultado de una voluntad común, es decir, conforme a una *voluntad general,* porque solo de esta manera el ejercicio del poder pierde su carácter particular y coactivo.

Con ello, Rousseau da lugar a una consideración radical del Estado y la política, en su contenido emancipatorio, porque el derecho y el Estado solo pueden ser entendidos, ahora, como construcciones voluntarias de los propios seres humanos y como tales no pueden sino obedecer a una voluntad legítima entendida esta como una voluntad común y no particular. Por esta razón afirma Rousseau en su *Discurso sobre la economía política* que *Sólo a la ley deben los hombres la justicia y la libertad. Ese saludable órgano de la voluntad de todos que restablece en el derecho la igualdad natural de los hombres.* La *justicia y la libertad* dejan de ser así ideas o principios abstractos para situarse como verdades objetivas de una ética social conforme a la ley.

En el caso del régimen de la Revolución mexicana hay que decir que, si bien dio lugar a realizaciones sociales importantes, propició también un sistema político cerrado y centralizado que impidió la constitución de una sociedad civil autoorganizada y, por ello, con capacidad de autogobierno. No obstante —hay que enfatizarlo—, los "ideales" del régimen de la revolución permitieron un compromiso con la sociedad mexicana que impulsó una transformación material e incluso podríamos decir espiritual, verdadera, como lo testimonian por ejemplo las instituciones de educación, salud y de cultura que se instituyeron entre los años cuarenta y sesenta. Sin embargo, la centralización del poder y la administración estatal permitió, también, la corrupción del régimen como lo demuestra sobre todo la petrolera estatal hoy en bancarrota. De este modo se gestó una nueva y creciente inequidad que perpetuó la desigualdad social y que ha terminado por debilitar o poner en cuestión todo lo anterior, dando lugar al incumplimiento generalizado de la demanda social.

Como sabemos, la tensión social se manifestó dramáticamente en Tlatelolco en 1968 y tan grave o más después, por sus consecuencias sociales, con la abierta corrupción del poder político que dio lugar también al abatimiento de las leyes e instituciones del país. La coyuntura política que se generó a partir de esos hechos tiene que ver con las situaciones extremas que se generan en una sociedad política desacostumbrada a la vida pública de un orden constitucional y de derecho y, con ello, a la crisis de ese orden que propicia toda clase de problemas sociales —como los de la violencia generalizada— y que llevan al fin al reclamo urgente de un cambio de fondo en las estructuras del país.

*

En Guerrero, y en México, el dilema de nuestro orden político se sitúa ahora en la contradicción entre un ejercicio arbitrario del poder arraigado ya en los distintos niveles de gobierno y aquel regulado por la racionalidad y universalidad de la ley y de instituciones propias de los Estados constitucionales modernos. Se trata de la disyuntiva fundamental de nuestra vida pública porque de su resolución depende nuestro futuro inmediato, es decir, si habremos de encontrar al fin la solución a nuestros muy graves problemas sociales en el marco de una sociedad democrática y participativa conforme a un amplio Estado de derecho social —como el que se vislumbra con la democracia republicana— o si, por el contrario, habremos de seguir atrapados en el laberinto de nuestro pasado como lo dibujó Juan Rulfo.

Así, la respuesta al problema de la legitimidad del Estado y la política solo puede surgir con el reconocimiento del necesario carácter positivo de la libertad política y del alcance que ello tiene en la resolución de los problemas sociales (como, por ejemplo, el de la desigualdad social en nuestro caso), es decir, con un cumplimiento de las libertades políticas que, sustentadas en una voluntad legítima situada socialmente, permita dar res-puesta a nuestros problemas a través de la participación ampliada desde la propia acción de los ciudadanos. Es en estos términos como lo reivindicó Rousseau al afirmar, en su *Contrato Social*, que *la obediencia a la ley que uno se ha prescrito es libertad*, pues solo entonces el ser humano en cuanto ser social se somete a sus propias prescripciones, contrapuestas a cualquier forma de sumisión arbitraria de un poder ajeno a las normas.

Se trata del problema fundamental de la época actual porque del sometimiento común respecto de la ley depende que el ejercicio del poder político se convierta en un proceso supervisado y controlado por los propios ciudadanos o bien, por el contrario, quede sujeto a la discrecionalidad y arbitrariedad de quien ejerce el poder. En ese sentido no puede haber excepciones en el seno del derecho y conforme al derecho porque ello significa, en realidad, la anulación de *la idea misma de derecho* y con ello la anulación del quehacer político del ciudadano, pues de esta manera queda sometido a la arbitrariedad de un poder sin controles constitucionales. Toda reivindicación centralizada y personalizada del poder en nombre de las causas populares, como ocurrió con el régimen de la Revolución mexicana, nos lleva en realidad a la trampa de un ejercicio del poder arbitrario, y, como tal, contrapuesto a una política social gestionada por los propios ciudadanos.

La sociedad fincada en la legitimidad del derecho y del Estado resulta abiertamente contrapuesta con la avenencia hacia una sociedad fincada en la arbitrariedad en el ejercicio del poder como a la perversión social que conlleva la inexistencia de normas que regulen la vida en común. Las consecuencias de todo ello, los guerrerenses y los mexicanos bien lo sabemos, pueden llegar a ser catastróficas. Cuando miramos un orden público donde priva el desorden y el caos, la violencia y la desigualdad social, no solo tenemos frente a nosotros la negación del papel del derecho y del Estado, sino también la experiencia del desasosiego que todo ello nos produce, así como una profunda herida en nuestra propia identidad social que, en realidad, solo puede afrontarse a través de un quehacer ciudadano en la vida pública que nos devuelva la iniciativa a propósito de nuestra realización como sujetos libres.

De lo que se trata pues, como cuestión medular de la modernidad política, es del problema del fundamento y legitimidad del orden constitucional moderno y no de su mera existencia. Por esta razón, en nuestro caso no se puede circunscribir el problema a un simple cambio de las burocracias y al conjunto de circunstancias que la acompañan porque de esta manera se pasa por alto que el problema puede encontrarse, más bien, en la puesta en cuestión de aquello que tendría que ser su cualidad fundamental, es decir, qué tipo de asociación realmente hace posible que los seres humanos se realicen en su condición de ciudadanos y conforme a sus propios procesos de gestión social y política.

En la consideración que ahora hacemos de nuestro libro *Sociedad y conflicto en el estado de Guerrero 1911-1995*, queremos insistir en la exigencia de separarnos de una visión estrecha del problema del Estado y de la política para considerarlo, en cambio, en su carácter más general y plantear así la forma en que un orden político en particular, en este caso el régimen de la Revolución mexicana y su puesta en práctica, pudo conducirnos a los problemas irresueltos de nuestra historia política. No es pues el papel de los sentimientos y de las pasiones que hoy se desbordan en nuestra vida social lo que aquí nos interesa destacar, sino el fundamento y lo que da forma a esa existencia que hoy parece desbordarse de toda norma y principio.

En el fondo de lo que se trató —y conviene insistir en ello—, es de reconocer la naturaleza del poder político y, con ello, el de la política; y de la idea de la libertad política y de esta manera poder distinguir qué es lo que caracteriza al poder político del mero carácter coactivo del poder, para poder reconocer entonces que la modernidad política solo puede consistir en el esfuerzo por dotar al poder de una legitimidad que lo distinga de la coacción y de la dominación a que da lugar un poder arbitrario.

Por nuestra parte, nos hemos propuesto pues, considerar la naturaleza del régimen de la Revolución mexicana y la manera en que la demanda de la redención social del país, como fundamento de dicho régimen, impidió la constitución de un régimen de leyes e instituciones que diera lugar a la realización de una sociedad política de ciudadanos. Ese mismo régimen, como decimos, propició un conflicto entre *su supuesto carácter reivindicativo inspirado en la revolución* y la preponderancia de la voluntad del ejecutivo y el carácter corporativo de dicho régimen ajeno a un control jurisdiccional.

De esta manera, resulta indispensable reconocer que la emancipación política efectiva no puede eludir la pregunta por la legitimidad del derecho y del Estado y la manera en que esa legitimidad nos atañe en cuanto seres sociales y, como tales, capaces de actuar libremente como sujetos políticos. Bajo esta consideración, la emancipación social y política solo resulta posible, como hemos insistido, cuando son los propios seres humanos los que se plantean el reto de constituir una sociedad política que les permita su realización en su condición de ciudadanos, es decir, cuando conforme a su propia acción voluntaria son capaces de imponerse normas que por su racionalidad y universalidad permitan su autodeterminación como sujetos sociales.

Lo anterior solo parece posible a través de la institución de un Estado de derecho constitucional que anteponga la idea de la ley frente a cualquier forma de privilegio contrapuesto a la racionalidad y universalidad de la misma. Se trata de una concepción del orden político que en manera alguna ha sido ajena a nuestra historia política, como ocurrió con Morelos. Manuel Payno, por su parte, lo enfatizaba ya también en el siglo XIX: *Los grandes esfuerzos de los liberales franceses se dirigen hoy a abolir el gobierno personal; nosotros, observando la Constitución, hemos ya obtenido esta ventaja. Los gobiernos personales están sujetos siempre a las influencias inmediatas de un solo hombre; los gobiernos cuyo fundamento descansa en la legislación, son los que tienen una medida siempre justa, arreglada y perceptible para todos.*

Tal concepción del orden político constitucional como hecho histórico objetivo solo surge, en ello insistimos reiteradamente, en la historia política de las sociedades porque son las propias sociedades humanas las que llegan a reconocerse como protagonistas de su historia política, es decir, cuando llegan al convencimiento de que sus logros y realizaciones no pueden depender sino de su propia acción como sujetos políticos. Lo anterior supone, sin embargo, acceder a la comprensión de que el orden público constituye una forma de relación social que nadie más establece sino los propios seres humanos en su condición de ciudadanos, lo que históricamente supuso poner en cuestión el ejercicio arbitrario y despótico del poder protagonizado por las monarquías absolutas —como la que en nuestro caso dio forma al México colonial.

*

Resulta claro, entonces, que el reto de nuestra actual sociedad política sigue siendo la puesta en práctica de un poder político no coactivo, es decir, solo sancionado y regulado por la idea de la ley como fundamento de la realización del ciudadano y, como tal, contrapuesto a cualquier forma de voluntad arbitraria. Podemos por eso decir que nuestra situación social actual, así como nuestras prácticas e instituciones, constituyen una manifestación fehaciente de nuestra historia política y de la manera en que la misma ha dado y da lugar a un ejercicio del poder contrapuesto al de un orden propiamente constitucional. Tales hechos, por lo demás, nos permiten dimensionar el papel de la libertad política a propósito de un orden libre y justo que permita el desarrollo social y humano.

La diferencia entre una y otra forma de asociación es, como decimos, la validez de la acción de la voluntad política en la consecución de sus objetivos: donde imperan las voluntades arbitrarias puede ocurrir lo que ocurre entre nosotros de manera cotidiana; donde impera la racionalidad y universalidad de la ley conforme a una voluntad legítima surge un orden democrático y republicano que permite la realización del ser humano en su condición de ciudadano y la consecución, con ello, de la verdadera libertad que consiste en la vinculación de todos a la ley: *Mientras los súbditos no se hallen sometidos más que a tales convenios* —dice Rousseau—, *no obedecen a nadie más que a su propia voluntad.*

No es casual que Rousseau haya señalado, a propósito de la legitimidad del orden político moderno, que en realidad todo depende de la política, es decir, de las instituciones y de las leyes que nos damos *y que, de cualquier manera, que se plantee, ningún pueblo será nunca otra cosa que lo que la naturaleza de su gobierno le haga ser.* En efecto, con el reconocimiento de que la sociedad política moderna no tiene pues ya otro fundamento que el de la voluntad, se asume en consecuencia a la *voluntad general* —es decir, una voluntad común y no particular—, como principio del derecho y condición de la libre y legítima realización de la sociedad política como creación humana; la ley es, de esta manera, su *principio* constitutivo.

En realidad es esta, también, la lección que José María Morelos y Pavón recogió en sus *Sentimientos de la Nación*: el reconocimiento de que la legitimidad del régimen republicano no puede ser obra de la arbitrariedad, sino de la disposición legítima de la voluntad humana como condición de nuestra propia república constitucional. Conviene tenerlo presente: *Que como la buena ley es superior a todo hombre, las que dicte nuestro Congreso deben ser tales, que obliguen a constancia y patriotismo, moderen la opulencia y la indigencia, y de tal suerte se aumente el jornal del pobre, que mejore sus costumbres, alejando la ignorancia, la rapiña y el hurto.*

Tal caracterización de la legitimidad del orden político supone en el caso de Morelos, además, el apego a nuestra realidad histórica y de la que surge el reclamo de la independencia y la comprensión, por ello, de que la auténtica comunidad política y humana solo puede ser el resultado de la constitución deliberada y voluntaria de los "americanos". Todo ello significa la más alta comprensión de la sociedad política como creación humana orientada a afrontar los retos sociales desde la idea y legitimidad de la ley.

Se trata de una lección fundamental de los *Sentimientos de la Nación* porque pone en evidencia que la libertad y la justicia que pueden y deben privar en la sociedad política legítima solo se consiguen cuando se asumen como tarea humana deliberada, y no como si se tratara de un *status inherente* a los seres humanos. Lo anterior se inscribe en una concepción social y política del ser humano abiertamente reivindicativa por cuanto que se reclama, con ello, la capacidad transformadora de la práctica social del ser humano frente a toda concepción cerrada y conservadora que, como tal, presenta al ser humano y a la sociedad humana misma como realidades ajenas a la acción práctica y transformadora de los propios seres humanos.

Con los *Sentimientos de la Nación*, Morelos se convirtió en un referente indispensable para nuestra vida pública en tanto allí se asume el reto fundamental de toda sociedad moderna en cuanto que se reconoce que solo a través de un orden político autodeterminado conforme a la racionalidad y universalidad de la ley, resulta realmente posible la emancipación humana para dar lugar, solo entonces, a un orden jurídico-político conforme al ejercicio legítimo de la voluntad humana: de la *voluntad general* como la llama Rousseau pues, en efecto, tanto para Rousseau como para Morelos se trata de una consideración de la sociedad política que surge al amparo de la puesta en cuestión del absolutismo y del despotismo monárquico, y, con ello, de todo régimen arbitrario que contravenga ese ejercicio legítimo de la voluntad que supone, en realidad, el afán de los propios seres humanos de alcanzar la libertad y la justicia de acuerdo a su acción voluntaria y consciente.

Para Morelos en particular —permítasenos insistir—, se trataba de conseguir en la vida práctica la independencia política de la nueva Nación y para la que no encuentra otra vía que el autogobierno de la ley y por ello contrapuesta al orden jerárquico y despótico de la monarquía colonial. Morelos, conocedor sin duda de las ideas de la Ilustración, asume a cabalidad que es precisamente en la legitimidad de la nueva sociedad política donde se juega el destino de los "americanos" porque la igualdad frente a la ley o, mejor, la autodeterminación legítima del ser humano conforme a la ley, inaugura una nueva época en la medida en que de esa manera son los seres humanos quienes se hacen cargo de su destino.

Lo más sorprendente de los *Sentimientos de la Nación* es la oportunidad histórica que ellos representan en la medida en que se inscriben en una época de emancipación humana contrapuesta a todo ejercicio despótico del poder. Por el contrario, el régimen de la revolución con la idea de la redención social exacerbó una visión desde el "oficialismo revolucionario" conforme a la cual se erigió un Estado redentor contrapuesto al gobierno de la ley y, con ello, dio lugar a la alegoría de Pedro Páramo: la voluntad arbitraria de un individuo como alegoría de nuestra historia política.

En definitiva, la lección que se sigue de una lectura de nuestra historia política como la que intentamos llevar a cabo en *Sociedad y conflicto en el estado de Guerrero, 1911-1995*, es que el problema fundamental de México en su conjunto nos muestra hoy la exigencia, urgente, de una recomposición profunda y radical de nuestro orden constitucional. Pero esta recomposición, como nos lo muestra nuestra historia política y la propia modernidad, no puede ser sino la exigencia del gobierno de la ley. Es de esta manera además que Rousseau

entiende y Morelos enfatiza que el ser humano, en su condición
de ciudadano, y el Estado, en su calidad de un auténtico Estado
de derecho, se forman y desarrollan mutuamente hasta un punto
tal que los pueblos no llegan a ser otra cosa que lo que son sus
leyes y sus instituciones.

Chilpancingo, Guerrero, diciembre del 2019

Bibliografía y Hemerografía

Alarcón Robledo, Sabás. *Estado de Guerrero, cuestiones económicas*, Revista de Economía, México, 1967.

Almond Gabriel y Sidney Verba. *La cultura cívica*, Euramérica, Madrid, 1970.

Aranda Flores, Antonio. *Los cívicos guerrerenses*, s. e., México, 1979.

Baena Paz, Guillermina. "General Adrián Castrejón (1929-1933). El zapatismo institucionalizado", Acapulco, 1996 (mimeo).

Banamex. *México social*, México, 1992-1993.

Bartra, Armando. *Guerrero bronco*, Ediciones Sinfiltro, México, 1996.

Bartra, Roger. "Campesinado y poder político en México", en *Caciquismo y poder político en el México rural*, Siglo XXI, México, 1975.

Bobbio, Norberto. *El futuro de la democracia*, FCE, México, 1996.

Bustamante Álvarez, Tomás. "Periodo 1934-1940", en *Historia de la cuestión agraria mexicana. Estado de Guerrero 1867-1940*, Gobierno del Estado de Guerrero/Universidad Autónoma de Guerrero/Centro de Estudios Históricos del Agrarismo en México, México, 1987.

Cárdenas, Lázaro. "Mensaje del Presidente de la República ante el Congreso Local", Chilpancingo, Guerrero, 20 de febrero de 1940, en *Los presidentes de México. Discursos políticos 1910-1988*, t. II, Presidencia de la República/El Colegio de México, México, 1998.

Catalán Calvo, Rafael. *Problemas de Guerrero*, 3ª. ed., Gobierno del Estado de Guerrero/Instituto Guerrerense de la Cultura, México, 1986.

Comisión Federal Electoral/Instituto Federal Electoral. *Resultados electorales recientes.*

Consejo Estatal Electoral/Instituto Electoral del Estado de Guerrero. *Resultados electorales recientes.*

Constitución Política de los Estados Unidos Mexicanos, Secretaría de Gobernación/UNAM, México (edición de 1994).

Córdova, Arnaldo. *La ideología de la Revolución mexicana: formación del nuevo régimen*, Era, México, 1973.

Cosío Villegas, Daniel. *El sistema político mexicano*, Joaquín Mortiz, México, 1982.

Dahl, Robert. *La Poliarquía. Participación y oposición*, Rei, México, 1993.

De la Peña, Moisés T. *Guerrero económico*, t. I y II, Gobierno del Estado de Guerrero, México, 1949.

Domínguez, Miguel. *La erección del estado de Guerrero: antecedentes históricos*, SEP, México, 1949.

El Nacional, "Diálogo Nacional: Guerrero", México, suplemento editado el 18 de junio de 1990.

El Sur, periódico editado en Acapulco, Guerrero, periodo del 15 de junio de 1995 al mes de marzo de 1996.

Encarnación Ursúa, Florencio. *Las luchas de los copreros guerrerenses*, Distribuidora Nacional, México, 1977.

Estrada Castañón, Alba Teresa. *El movimiento anticaballerista: Guerrero 1960, crónica de un conflicto*, tesis, FCPYS/UNAM, México, 1986.

______________ *Guerrero: sociedad, economía, política y cultura*, CIHH/UNAM, México, 1994 (Biblioteca de las Entidades Federativas).

Excélsior, México, periodo del 1 de noviembre de 1960 al 15 de enero de 1961.

Fuentes, Carlos. "Guerrero: ¿Quién es el responsable?", en *Y el pueblo se puso de pie. La verdad sobre el "caso Guerrero"*, de José C. Gutiérrez Galindo, Logos, México, 1961.

______________ *Tiempo mexicano*, 16ª. ed., Joaquín Mortiz, México, 1992.

Fuentes Díaz, Vicente. *Historia de la Revolución en el estado de Guerrero*, 2ª. ed. ampliada hasta 1920, Instituto Nacional de Estudios Históricos de la Revolución Mexicana, México, 1983.

______________ "Del caciquismo al pluripartidismo", en *La transición democrática en Guerrero*, t. I, Diana, México, 1992.

García Pineda, Rómulo (*et. al.*). *El estado de Guerrero dentro del desarrollo regional*, s. e., México, 1975.

Gill, Manuel. "Los Escudero, de Acapulco", en *Actores políticos y desajustes sociales*, Romana Falcón (sel.), El Colegio de México, México, 1992.

González Alcantud, José A. *El clientelismo político. Perspectiva socioantropológica*, Anthropos, Barcelona, 1997.

González Bustos, Marcelo. *El general Jesús H. Salgado y el movimiento zapatista en Guerrero*, Universidad Autónoma de Guerrero, Chilpancingo, 1983 (Serie Grandes Personajes de Guerrero, 3).

González Casanova, Pablo. *La democracia en México*, Era, México, 1993.

González Dávila, Amado. *Geografía del estado de Guerrero y síntesis histórica*, Quetzalcóatl, México, 1959.

Guerrero Orozco, Omar. *La administración pública en el estado de Guerrero*, Instituto de Administración Pública del Estado de Guerrero, Chilpancingo, 1991.

Gutiérrez Galindo, José C. *Y el pueblo se puso de pie. La verdad sobre el "caso Guerrero"*, Logos, México, 1961.

_______________ *Rubén Figueroa. Permanencia de una revolución en Guerrero*, Costa-Amic, México, 1974.

Gutiérrez, Maribel. *Violencia en Guerrero*, La Jornada Ediciones, México, 1999.

Gutiérrez y Salgado Angélica y Héctor Rodríguez M. *Chilpancingo ayer y hoy*, Instituto Guerrerense de la Cultura, Chilpancingo, 1987.

Hansen, Roger D. *La política del desarrollo mexicano*, 21. ed., Siglo XXI, México, 1993.

Hernández García, Beatriz. *Estado de Guerrero*, SEP, México, 1968.

Hipólito, Simón. *Guerrero, amnistía y represión*, Grijalbo, México, 1982.

Huntington, Samuel. *El orden político en las sociedades en cambio*, Paidós, Buenos Aires, 1990.

Illades, Carlos (Comp.). *Guerrero: textos de su historia*, 2 vols. Instituto Mora, México, 1989.

Informes de Gobierno compilados y publicados por el estado de Guerrero.

Instituto Nacional de Estadística, Geografía e Informática. *Anuario estadístico del estado de Guerrero*, México, 1990.

__________ *XI Censo general de población y vivienda*, México, 1990.

__________ *Guerrero. Cuaderno de información para la planeación*, México, 1990 a 1998.

__________ *Guerrero. Perfil sociodemográfico*, México, 1995.

Jacobs, Ian. "Rancheros en Guerrero: los hermanos Figueroa y la Revolución", en *Caudillos y campesinos en la Revolución mexicana*, David A. Brading (comp.), FCE, México, 1985.

__________ *La Revolución mexicana en Guerrero. Una revuelta de rancheros*, Era, México, 1990.

Jaguaribe, Helio. *Desarrollo económico y político*, FCE, México, 1981.

Knight, Alan. *La Revolución mexicana*, t. I y II, Grijalbo, México, 1996.

La Jornada, México, 13 de marzo de 1998.

Lechner, Norbert. "Epílogo", en *Estado y política en América Latina*, Varios autores, Siglo XXI, México, 1981.

Lipset, Seymour Martin. *El hombre político*, Rei, México, 1993.

Los presidentes de México. Discursos políticos 1910-1988, t. III, Presidencia de la República/El Colegio de México, México, 1998.

López Victoria, José Manuel. *Historia de la Revolución en Guerrero*, 3 vols., Instituto Guerrerense de la Cultura/Gobierno del Estado de Guerrero, Chilpancingo, 1985.

Loyola Díaz, Rafael. *La crisis Obregón-Calles y el Estado mexicano*, Siglo XXI, México, 1980.

Martínez Carvajal, Alejandro. *Juan Escudero y Amadeo Vidales*, Revolución, México, 1961.

__________ *Memorias de la Revolución en Guerrero (Gral. Silvestre Mariscal)*, Ayuntamiento Constitucional de Acapulco, Acapulco, 1983.

Martínez Martínez, Guillermo. *Fuentes para la historia del estado de Guerrero*, Centro de Investigaciones Sociales, Chilpancingo, 1977 (Bibliografía, 3).

Meyer, Jean. *La Revolución mexicana*, Jus, México, 1991.

Moncada, Carlos. *¡Cayeron! 67 gobernadores derrocados (1929-1979)*, edición del autor, México, 1979.

Mora, Juan Miguel de. *La guerrilla en México y Genaro Vázquez Rojas, su personalidad, su vida y su muerte*, Latinoamericana, México, 1972.

Moyao Morales, Eliseo. *Guerrero: investigación básica para la acción indigenista*, Instituto Nacional Indigenista, México, 1992.

Neri, Rodolfo. *La rebelión delahuertista en el estado de Guerrero*, s. e., México, 1986.

Ochoa Campos, Moisés. *Guerrero: análisis de un estado problema*, Trillas, México, 1964.

__________ *Historia del estado de Guerrero*, Porrúa, México, 1968.

Osorio, Jaime. *Raíces de la democracia en Chile*, Era, México, 1990.

Payno, Manuel. *Obras completas* editadas por Conaculta, México.

Periódico Oficial del Gobierno del Estado de Guerrero a partir de 1911.

Proceso, núm. 1162, México, 7 de febrero de 1999.

Ravelo Lecuona, Renato. *Juan R. Escudero. Biografía política*, Universidad Autónoma de Guerrero, México, 1982 (Grandes Personajes de Guerrero, 1).

_______________ "Periodo 1910-1920", en *Historia de la cuestión agraria mexicana. Estado de Guerrero, 1867-1940*, Gobierno del estado de Guerrero/UAG/Centro de Estudios Históricos del Agrarismo en México, México, 1987.

Reforma, México, 12 de noviembre de 1996 y 4 de febrero de 1999.

Restrepo Fernández, Iván. *Costa Grande de Guerrero. Estudio socio-económico*, investigación realizada por encargo de la Secretaría de Recursos Hidráulicos, México, 1975.

Reyna, José Luis. "Democratización en México: límites y posibilidades", en *Modernización económica, democracia política y democracia social*, El Colegio de México/Centro de Estudios Sociológicos, México, 1997.

Ríos Morales, Manuel. *Régimen capitalista e indígenas en la montaña de Guerrero*, Universidad Autónoma de Guerrero, Chilpancingo, 1983 (Historia de Guerrero, 1).

Rousseau, Jean-Jacques. *Del contrato social y Discursos*, Alianza, Madrid, 1989.

_______________ *Discurso sobre la economía política*, Tecnos, Madrid, 1992.

Rulfo, Juan. *El llano en llamas*, RM Editor, México, 2005.

_______________ .*Pedro Páramo*, RM Editor, México, 2005.

Salazar Adame, Jaime (*et al.*). *Historia de la cuestión agraria mexicana: estado de Guerrero, 1867-1940*, Universidad Autónoma de Guerrero, México, 1987.

Sánchez Andraka, Juan. *Hablemos claro*, Costa-Amic, México, 1987.

Sandoval Cruz, Pablo. *El movimiento social de 1960*, texto y fotografías, Universidad Autónoma de Guerrero, Chilpancingo, 1985.

Sistema Bancos de Comercio. *La economía del estado de Guerrero*, México, 1967-1975.

Solís, Leopoldo. *La realidad económica mexicana: retrovisión y perspectivas*, Siglo XXI, México, 1993.

Suárez, Luis. *Lucio Cabañas, el guerrillero sin esperanza*, 8ª. ed., Roca, México, 1978.

Tocqueville, Alexis de. *La democracia en América*, FCE, México, 1994.

______________ *El antiguo régimen y la revolución*, FCE, México, 1996.

Torres, Manuel, Luis Méndez y Jorge Arcila. *La estructura económica del estado de Guerrero*, Universidad Autónoma de Guerrero, Chilpancingo, 1983.

Valdés Ugalde, Francisco. *Autonomía y legitimidad. Los empresarios, la política y el Estado en México*, Siglo XXI, México, 1997.

Valverde, Custodio. *Julián Blanco y la Revolución en el estado de Guerrero*, Ayuntamiento Constitucional de Chilpancingo/Carsa, Chilpancingo, 1989.

Varios autores. *La formación del poder en el estado de Guerrero*, Universidad Autónoma de Guerrero, Chilpancingo, 1997.

Velasco Ocampo, María Guadalupe (ed.). *Diagnóstico socioeconómico contemporáneo del estado de Guerrero*, Centro de Documentación y Apoyo a la Investigación Social y Económica del Estado de Guerrero (UAG), Chilpancingo, 1989.

Womack, John. *Zapata y la Revolución mexicana*, Siglo XXI, México, 1969.

Zapata, Francisco. "Introducción. Democracia, corporativismo, elecciones y desigualdad social en América Latina", en *Modernización económica, democracia política y democracia social*, El Colegio de México/Centro de Estudios Sociológicos, México, 1997.

Zermeño, Sergio. "Hacia una democracia como identidad restringida", en *Revista Mexicana de Sociología*, UNAM/Instituto de Investigaciones Sociales, año XLIX, vol. XLIX, núm. 2, México, abril-junio de 1987.

Bibliotecas consultadas
Archivo General del Gobierno del Estado de Guerrero en Chilpancingo, Guerrero.
Archivo General de la Nación.
Archivo General de la Reforma Agraria.
Biblioteca Central de la Universidad Autónoma de Gucrrcro, cn Chilpancingo, Guerrero.
Biblioteca "Daniel Cosío Villegas", El Colegio de México.
Biblioteca Pública Central Estatal, en Chilpancingo, Guerrero.
Biblioteca de la Universidad Autónoma Metropolitana, Unidad Iztapalapa.
Centro de Investigación e Historia de Acapulco.
Hemeroteca de la Universidad Nacional Autónoma de México.

Jorge Rendón Alarcón
Es Profesor-Investigador en el Departamento de Filosofía de la Universidad Autónoma Metropolitana y miembro del Sistema Nacional de Investigadores (Conacyt). Entre sus publicaciones destacan las siguientes: es autor de *La sociedad dividida. La sociedad política en Hegel* (México: Ediciones Coyoacán, 2008), coautor de *El telos de la modernidad. Dos estudios sobre la filosofía política de Hegel* (México y España: Gedisa/UAM-I, 2014), así como coordinador de *Luis Villoro. Filosofía, historia y política* (México y España: Gedisa/UAM-I, 2016).